Du Dahomé

au Sahara

*A consulter sur le même sujet
et du même auteur*

Dahomé, Niger, Touareg, récits de voyage. Un volume in-18 jésus, avec *une carte hors texte*, broché (Armand Colin et Cⁱᵉ, éditeurs).   4 »

Notes politiques sur l'Hinterland dahoméen et le Niger moyen. — État de la question en 1895 : traités, conquête, occupation, intérêts, état politique et ethnographique des régions parcourues. — 1 mémoire. — Archives du Ministère des Colonies.

Régime de navigation du Niger, considéré comme fleuve international, conséquence de l' « Acte de Berlin ». — 1 mémoire. — *Ibid.*

Note sur la situation dans l'Hinterland dahoméen en juin 1896. — 1 mémoire. — *Ibid.*

Principaux résultats géographiques de la mission Toutée. — *Annales de Géographie* (Armand Colin et Cⁱᵉ, éditeurs), mars 1897.

Droits de traduction et de reproduction réservés pour tous les pays, y compris la Hollande, la Suède et la Norvège.

Coulommiers. — Imp. Paul BRODARD. — 211-99.

COMMANDANT TOUTÉE

Du Dahomé au Sahara

La Nature et l'Homme

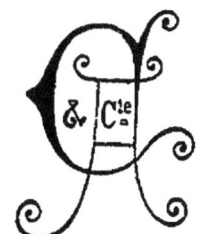

Armand Colin et Cie, Éditeurs

Paris, 5, rue de Mézières

1899

Tous droits réservés.

Paris, 26 février 1899.

Le chef d'escadron d'artillerie, breveté d'état-major, Toutée, G. J., chargé de mission, à Monsieur le Ministre de l'instruction publique, à Paris.

Monsieur le Ministre,

Vous m'avez fait l'honneur de me charger, en 1894-1895, d'une mission dans les territoires du moyen Niger.

Au moment où je suis appelé à repartir pour les mêmes régions, je crois utile de vous adresser ci-dessous le rapport que je vous dois concernant les résultats donnés par cette mission.

La Commission des missions avait, avant mon départ, établi, autant que le permettaient alors les renseignements très vagues possédés sur le pays à parcourir, le programme des recherches d'ordre géographique, scientifique et ethnographique que j'avais à effectuer.

1. **Travail géographique**. — Le programme du travail géographique m'était donné par le Général [1] chef du service géographique de l'armée, saisi, en sa qualité de membre de la Commission des missions, du projet qui avait été soumis à cette commission.

Ce programme faisait ressortir que le tracé du Niger était fort incertain au-dessus de Géba et absolument inconnu entre Gomba et Saye. J'avais donc à découvrir ou à rectifier, puis à relever avec la précision compatible avec la rapidité nécessaire à mes déplacements, les tracés géographiques qui m'étaient signalés.

Je me hâte de dire que c'est la seule partie de mon programme que j'aie pu exécuter complètement et dont les résultats répondent — et au delà — à ce qui m'était proposé.

De la côte au Niger (Badjibo-Arenberg), j'ai eu, pour longer, comme j'en avais l'obligation, le 9e parallèle, à traverser plusieurs fois la frontière indécise qui sépare les pays baribas de ceux du haut Yorouba. L'itinéraire que j'ai levé et rapporté, complètement indépendant de celui de Clapperton (1840), croise ce dernier à Tchaki et le quitte à Cayoman.

---

[1]. M. le général de division Derrécagaix.

Sur le Niger, mes opérations vont de Farca (50 k. nord de Zinder) jusqu'à la mer. Elles sont doubles, c'est-à-dire qu'elles se vérifient et se complètent pour tout le segment au nord de Géba, et comprennent le seul segment restant encore inconnu avant moi de Gomba à Saye.

Le procédé employé pour ce levé a été le cheminement à la boussole, les directions étant données par l'azimuth magnétique et les distances estimées au pas. L'erreur commise dans cette estime était corrigée par des déterminations de latitude faites à un mille près tous les 100 kilomètres.

Sur le Niger, le procédé était le même, avec quelques modifications pour l'estime. Dans le travail de remonte, qui se faisait à l'aviron et à la perche, le plus près possible de la berge, il était assez facile de contrôler les distances par quelques mesures faites au pas le long du fleuve. Ce travail a donné ainsi un levé assez exact d'une des rives du fleuve (tantôt l'une, tantôt l'autre) et quelques données visuelles sur l'autre rive et sur les îles.

Ce moyen de contrôle manquait pour le travail de descente, où je cherchais à tenir le filet le plus profond, c'est-à-dire, en général, le plus éloigné des rives. Je ne pouvais, pour apprécier ma vitesse, qu'estimer à l'œil la rapidité avec laquelle les berges — très éloignées — fuyaient derrière moi. Mais j'avais la ressource, au retour, d'un contrôle provenant de la comparaison avec le travail de montée.

Le seul travail sérieux comportant une reconnaissance hydrographique est celui qu'on fait aux eaux les plus basses, où le fleuve dessine lui-même dans son lit trop grand sa nappe la plus navigable; les eaux n'étant d'ailleurs au plus bas dans le Niger que pendant un mois environ, j'avais dû pendant ce mois parcourir tout ce que j'avais à descendre. Quelques parties du fleuve, même dans le segment intéressant Saye-Gomba, ont été ainsi parcourues de nuit.

Au retour, mes observations, toutes numériques, au nombre d'environ 4 000, ont été traduites graphiquement au service géographique des colonies et au service géographique de l'armée, par M. le lieutenant Spicq et MM. Le Roux et Wuillamy.

La comparaison des canevas de descente et de montée, qui donnait la mesure et permettait au besoin la rectification des erreurs d'estime dans les deux parcours, donna des résultats concordant avec ceux des observations astronomiques. Sur le segment inconnu, en particulier, j'eus le bonheur de constater une coïncidence presque absolue entre les deux itinéraires appelés à se contrôler.

Si l'on veut bien remarquer que, par certaines soirées de descente, je n'ai pu faire d'estime que d'après la fraîcheur du vent déterminé par notre marche, on reconnaîtra que seule l'extrême anémie nerveuse, et la surexcitation où j'ai vécu dans cette période de ma vie, peuvent expliquer une pareille acuité dans les sens d'observation. Il y a certainement, d'ailleurs une grande part de chance dans ce résultat que je ne m'engagerais nullement à reproduire.

Les travaux graphiques relatifs à cette mise au net de mes observations comprennent 50 feuilles de dessin et une toile de 8 mètres de développement. Je ne crois pas utile de les joindre à ce rapport, d'autant plus que je les utilise pour la préparation de mon prochain voyage et que, au dépôt du service géographique de l'armée où elles se trouvent, il est facile de les consulter.

2. **Travail scientifique**. — J'ai recueilli le plus grand nombre possible de spécimens géologiques, botaniques ou zoologiques. Presque toutes ces collections relatives à mon itinéraire terrestre ont malheureusement péri dans un naufrage survenu à ceux de mes officiers qui les rapportaient, à une époque où, parvenus dans les eaux anglaises, ils pouvaient se croire hors de danger.

Le reste, que j'ai rapporté moi-même, a été remis par moi au Muséum, où MM. Vaillant, pour les batraciens, Cornu, pour les plantes, Stanislas Meunier, pour les minéraux, ont bien voulu, sur les instructions de M. Milne-Edwards, travailler à la reconnaissance et à l'identification des échantillons.

3. **Ethnographie**. — C'est en ce qui concerne l'ethnographie que l'accident de navigation dont j'ai parlé a eu les résultats les plus fâcheux. Il nous fit perdre, en effet, la collection des photographies prises sur les types les plus divers et déjà tirées en épreuves, dont nous disposions en arrivant au Niger.

Dans la 2ᵉ partie de mon voyage, où j'avais l'obligation de réduire mes impedimenta, j'avais dû me contenter de prendre des clichés pour les développer au retour. Eux aussi ont été brisés ou avariés au cours des nombreux naufrages que nous avons subis dans les chutes déterminées par la baisse des eaux.

4. **Travaux descriptifs et d'étude**. — Ces travaux comprennent :

1° *Notes politiques sur l'Hinterland dahoméen et le Niger moyen*. — État de la question en 1895 : traités, conquête, occupation, intérêts, état politique et ethnographique des régions parcourues.

Un mémoire. Archives du ministère des Colonies.

2° *Régime de navigation du Niger*, considéré comme fleuve international, conséquence de « l'Acte de Berlin ». Un mémoire, ibidem.

3° *Note sur la situation dans l'Hinterland dahoméen en 1896.* — Un mémoire, ibidem.

4° *Principaux résultats géographiques de la mission Toutée.* Annales de Géographie, mars 1897. A. Colin et Cie.

5° *Dahomé, Niger, Touareg*, récit de voyage, 1895. Chez A. Colin et Cie.

6° *Du Dahomé au Sahara. La nature et l'homme.* (*Ce dernier travail est celui que je joins au présent rapport.*) Il contient une partie didactique plus développée que le premier volume (5°).

Bien que j'aie à m'excuser de l'avoir traité d'une manière qui paraîtra peut-être trop superficielle, j'estime que ce caractère superficiel est le seul qui convienne au retour d'un voyage où l'on n'a pu que tout apercevoir en courant, où le nombre des jours de marche est de 87/100 pour 13/100 séjours.

Le pays ne comporte aucun élément d'information en dehors de l'observation directe et des causeries, d'ailleurs très sujettes à caution, et très mal interprétées avec les indigènes. Ni un livre, ni un manuscrit, ni un monument, rien qui puisse suppléer à l'observation, ni amplifier ses résultats dans l'espace ou dans la durée.

En résumé, je ne peux dire que ceci :

« J'ai vu telle chose, j'ai entendu dire telle « autre, j'ai fait telle réflexion. » Tout autre développement ayant pour objet d'augmenter la portée ou la profondeur de ce compte rendu serait chimère ou plagiat.

Les 200 pages dactylographiées ci-jointes répondent — autant qu'il a dépendu de moi et du sujet — au programme que le département de l'Instruction publique m'avait proposé. Elles forment, avec le premier volume, dont vous avez bien voulu accepter personnellement l'hommage, un ensemble complet et je vous serais reconnaissant, Monsieur le Ministre, de vouloir bien en ordonner ou en autoriser la publication.

Veuillez agréer, Monsieur le Ministre, l'assurance de mon respectueux dévouement.

G. Toutée.

DU
DAHOMÉ AU SAHARA

CHAPITRE I

Le sol. — Ses produits [1].

Le sol et le sous-sol. — Origines géologiques. — Le climat. — Répartition des pluies. — Leur action sur l'aspect et les produits du sol. — La végétation.

Une observation générale et commune à tous les pays qu'a parcourus la mission, c'est que l'origine de tous les terrains compris entre le parallèle 4 et le parallèle 14 présente un remarquable caractère d'unité. Tout le pays paraît dû à un même effort géologique d'ordre purement plutonien qui a fait sortir la roche ignée du

---

[1]. Il est utile, pour l'intelligence de ce texte, d'avoir sous les yeux la carte de l'itinéraire de la mission (*Dahomé, Niger, Touareg*, 1re partie, reproduite à la fin du présent volume).

sein des flots. Nulle part nous n'avons découvert de traces permettant de penser que des dépôts sédimentaires d'origine calcaire aient recouvert ces roches avant l'époque de leur soulèvement. De sorte que le sol se trouve presque exclusivement composé de détritus de roches ignées décomposées sur place par les agents atmosphériques. Comme dans tous les terrains très anciens, qui ont émergé à une époque où la croûte terrestre était encore de faible épaisseur, le soulèvement n'a produit que de très faibles accidents topographiques : mamelons insignifiants, collines à ondulations à peine sensibles; voilà pour le relief.

Sur cette carcasse rocheuse, un limon détritique, presque toujours le même, argileux ou ferrugineux, jette un manteau assez épais dans le fond des vallées, aminci, limé et laissant percer la roche souterraine dès que le terrain se relève tant soit peu.

Ces caractères généraux de la géologie du pays étant communs à l'ensemble de la région, signalons au cours de notre route les particularités que nous avons notées.

Tout d'abord, en partant, la piste est tracée

sur des sables apportés par la mer et par le vent qui constituent le long de la côte de Guinée un cordon littoral analogue à celui qui va de Cette à Narbonne.

A peine a-t-on fait une quinzaine de kilomètres, qu'on rencontre, sous le nom de *terre de Barre*, le sol rouge dont on a parlé tout à l'heure, qu'ont formé en se décomposant les roches granitiques et feldspathiques du sous-sol. Cette terre de Barre, argile, ferrugineuse et plastique, nous la trouverons pendant quelque mille kilomètres employée à faire les murs des maisons ou des forteresses du pays. Elle ne paraît d'ailleurs pas inféconde et, recouverte, comme elle l'est le plus souvent, d'une couche épaisse d'humus produit par la décomposition des végétaux, elle sert de base et d'aliment à la flore la plus variée. Aussi bien ce n'est pas le sol, c'est le climat qui est le facteur prédominant dans le caractère de la végétation, et il faut chercher bien plus dans les phénomènes météorologiques que dans la composition chimique du sol les causes qui font varier la végétation au point de changer totalement l'aspect d'une région et les mœurs des habitants.

Le sol s'affaisse tout à coup à une vingtaine de kilomètres au nord d'Allada pour former une grande dépression parallèle à la côte de l'Océan et qu'on appelle l'*Alama*. Cette grande vallée qui peut avoir une dizaine de kilomètres de largeur est encombrée d'un limon marécageux constitué par une argile plastique couleur ardoise, sorte de terre à poterie si propre au modelage que le sentier suivi par nous portait encore, plus de trois mois après leur passage, les traces des clous des souliers des soldats qui étaient allés à Abomé. Je ne parle pas d'une trace de soulier restée intacte par hasard, mais de milliers d'empreintes aussi nombreuses et aussi nettes que si on venait de les mouler dans du plâtre fin recouvert de plombagine. De nombreuses alternatives de pluie et de soleil avaient pourtant passé sur ces empreintes. A défaut d'analyse chimique, cette simple observation d'un passant peut donner une idée assez juste de la composition du sol dans cet endroit.

Soit que ce sol se laisse difficilement pénétrer par les racines — et on comprend sans peine qu'il en soit ainsi, — soit qu'il contienne moins d'éléments assimilables que la terre de Barre, soit que l'humidité persistante et même la stagnation des eaux à la surface du sol pendant plusieurs mois de l'année nuise au développement des plantes, l'Alama paraît médiocrement convenir à la végétation. C'est à peine si on peut trouver de l'ombre au pied des arbustes rabougris qui s'efforcent d'y vivre. La terre de Barre reparaît et avec elle reparaissent les palmiers à huile et les fromagers gigantesques dans une espèce d'îlot, au milieu même du marécage appelé *Ooundonou*, et quelques kilomètres plus au nord aux environs d'Agrimé.

D'Agrimé à Abomé la terre de Barre paraît avoir une épaisseur moindre au-dessus de la roche, elle est plus fournie de matières ferrugineuses. Des grains d'oxyde de fer, des débris de rognons oolithiques paraissent de durs cailloux aux plantes des pieds habituées aux surfaces unies, damées et onctueuses qu'on foule sur les sentiers au sud de l'Alama. Le paysage cesse d'être purement forestier; les parties dénudées soit par la culture, soit par d'autres raisons qu'on ne saurait découvrir en passant, permettent à l'œil d'apercevoir quelques centaines de mètres aux abords du sentier.

De Cana, près d'Abomé, jusqu'à Zagnanato, sur l'Ouémé, on retrouve un sol et des produits analogues à ceux qui existent près d'Allada.

On traverse en chemin une rivière assez importante, le *Zou*, pris par certains voyageurs pour l'Ouémé, dont il n'est qu'un affluent relativement faible.

La vallée de cette rivière, nullement marécageuse ni infertile comme celle de l'Alama, participe au contraire au privilège général à toutes les vallées ; elle éblouit l'œil par des frondaisons échevelées et par toute une luxuriance de verdure que l'humidité du cours d'eau et la fertilité de ses rives contribuent à rendre impénétrables.

A Zagnanato on rejoint l'Ouémé dont la vallée, plus importante que la précédente, est aussi fertile. De ce point jusqu'à Paouignan, on traverse un long espace couvert de maquis, où les premiers accidents du sol manifestent la roche granitique. Il s'agit, on l'a dit, de simples excroissances dont la plus considérable est inférieure comme relief aux rochers de Franchard si connus des touristes qui fréquentent la forêt de Fontainebleau. L'aspect général du sol et même de la forêt dahoméenne rappelle d'ailleurs, en cet endroit, le paysage auquel on vient de faire allusion. Comme à Franchard, des blocs de rochers épars au milieu du taillis montrent alternativement des arêtes, des tables et même des cuvettes où l'eau s'accumule. Mais, tandis qu'à Franchard, le grès laisse filtrer l'eau, le granit de Banamé la conserve et, malgré la puissance d'évaporation du soleil, ces flaques offrent encore quelques semaines après la saison des pluies une ressource appréciable aux caravanes de porteurs.

Près de Paouignan et entre ce point et Agouagon, droit au-dessus du village de Zoglobo, on remarque quelques saillies granitiques un peu plus importantes, bien que du pied de la plus grande, celle de Zoglobo même, on puisse abattre d'un coup de fusil un singe perché sur les baobabs qui en couronnent le sommet. Ces roches frappent l'imagination des naturels et c'est ainsi qu'on s'explique l'inscription de « monts *Zoglobo* » portée sur les cartes de nos devanciers établies par renseignements. A défaut d'autres indications, l'importance exagérée attribuée à ces monticules peut faire penser, qu'en dehors même du trajet suivi par la mission, il n'existe guère, à quelque distance du moins, de mouvements de terrain tant soit peu sérieux.

C'est une indication du même ordre que fournirait à un voyageur appelé à traverser notre Flandre française l'appellation de *Mont Cassel* donnée par les Flamands à la taupinière de ce nom.

D'Agouagon à Savé, on franchit l'Ouémé, et dans le lit du fleuve, le granit parfaitement mis à nu et poli par les eaux, témoigne que rien n'est changé dans la constitution du sous-sol depuis plusieurs jours de marche. Toutes les collines de Savé, et successivement celles qui bordent l'Opara pendant plus de cent kilomètres laissent apparaître à leurs sommets ou même sur leurs flancs des roches d'origine ignée, le plus souvent à très gros grains, qui se continuent par Gobo, Tchaki, Kitchi, jusqu'à Arenberg sur le Niger.

Ces pierres granitiques sont, dans le voisinage des villages, affouillées par des centaines de petites excavations ayant à peu près deux à trois décimètres cubes de capacité. Ces excavations parfaitement polies résultent du travail de mouture exécuté par les femmes des villages.

Celles-ci s'agenouillent sur le rocher, ayant devant elles une calebasse de mil légèrement mouillé, saisissent à deux mains un fragment de granit et, en le frottant contre la roche, réduisent successivement en farine les poignées de grains qui forment chaque jour la base du repas de la famille. Lorsque, à force de frotter ainsi, elles ont creusé dans le granit un sillon dont le rebord menace de leur blesser les doigts, elles abandonnent ce sillon pour organiser tout à côté un nouveau chantier de mouture; comme ce n'est ni en un jour ni même en plusieurs semaines qu'une femme arrive à excaver ainsi le granit avec ses doigts, et que c'est par milliers que ces excavations se rencontrent aux abords de certains villages, la simple inspection des roches qui les entourent peut donner une idée quelque peu approchée de l'antiquité de quelques bourgades et même du nombre d'habitants qu'elles ont nourris.

De Paouignan au Niger, les seules saillies un peu remarquables que forme ce terrain plutonien sont les collinettes de Tchaki, véritables miniatures de grandes montagnes, avec pics, cols, torrents, précipices et cascades, donnant une impression analogue à celle qu'on éprouverait en regardant la Suisse de la nacelle d'un ballon ou par le gros bout d'une lunette.

On retrouve encore un gros pâté de granit qui paraît véritablement tombé du ciel en plein milieu de l'industrieuse ville de Kitchi.

Qu'on nous pardonne d'entrer dans tant de détails sur un objet qui se répète toujours à peu près dans les mêmes termes, mais dans un pays où le sol n'a été gratté nulle part, comme il l'est chez nous, par les travaux de voirie et de fondations, on n'a de renseignements sur sa constitution géologique que ceux qu'il veut bien montrer lui-même de temps en temps, et dès lors il convient de les noter avec soin toutes les fois qu'on peut les recueillir.

Arrivés sur le Niger, nous nous trouvions, au contraire, au centre d'une tranchée gigantesque ouverte par le fleuve dans les flancs du continent qu'il déchire sur plusieurs milliers de kilomètres. L'observation est très facile et on peut d'un seul coup se rendre compte que toutes les roches sur lesquelles roule le Niger depuis Tibi-Farca par 14 degrés jusqu'à Akassa par 4 degrés, sont, sans exception, des roches éruptives, granitiques ou porphyriques. Si un rocher émerge de l'eau, c'est du granit; c'est de granit encore dont sont formés les berges et le fond du fleuve dans les rapides de Boussa, dans les étranglements au sud de Saye, dans les barrages de moindre importance qu'on rencontre en aval et en amont de Zinder. Entre les différents points que l'on vient de citer, on n'aperçoit que des rives plates où les joncs et les céréales poussent dans la terre d'alluvion; la perche ne heurte au fond du fleuve qu'un sable meuble; il se peut donc qu'alluvion et sable reposent eux-mêmes sur des roches sédimentaires que nous n'aurions pu soupçonner. Mais le Niger ne paraît pas les avoir explorées non plus, car le sable qui constitue son fond dans ces longs espaces tranquilles n'est autre chose que du granit désagrégé. Dois-je citer à titre d'exception à cette loi générale les dunes arénacées qui bordent la vallée du Niger à partir de Saye? les carrières d'agate de Kirotachi? Ce sont là de bien pauvres éléments de variété en regard de l'effroyable uniformité géologique du sol que la mission a foulé sur plus de trois mille kilomètres.

Cependant il ne faut pas désespérer de trouver du calcaire dans le bassin du Niger. Ses eaux renferment en effet un peu de carbonate de chaux qu'elles n'auraient pas pu trouver à dissoudre dans des terrains purement granitiques comme ceux que j'ai vus. La preuve qu'il y a du carbonate de chaux dans l'eau du Niger, c'est que j'ai trouvé des huîtres en quantité notable accrochées par leurs coquillages aux rochers des rapides de Boussa. Puisque ces huîtres ont emprunté le calcaire dont sont faites leurs écailles à l'eau dans laquelle elles vivent, il est certain qu'on trouvera, soit dans la vallée du Niger, soit dans le bassin d'un des deux affluents, un terrain plus calcaire que celui que j'ai parcouru. On le trouvera loin ou près, mais je crois qu'on est exposé à le trouver fort loin du bief moyen. Je sais, en effet, que dans la partie supérieure du fleuve on trouve aussi des huîtres en assez grande quantité pour qu'on en fasse couramment de la chaux. Il semble donc *à priori* qu'il y a plus d'huîtres dans le haut Niger que dans le moyen et dans le bas fleuve et que, par suite, ce n'est pas un affluent tributaire du cours moyen qui draine une région pourvue de carbonate de chaux.

L'absence de tout élément calcaire dans une immense région comme la boucle du Niger est une véritable calamité géologique dont on peut difficilement exagérer l'importance au point de vue du développement historique de ce pays, et même, autant qu'on peut le prévoir, au point de vue de son avenir agricole et social. Il convenait donc de dire dès le début de cette étude toutes les raisons qui font penser que le résultat négatif de nos investigations, pour partielles qu'aient été ces investigations, pour suspect que soit en pareille matière tout résultat négatif, doit faire préjuger du caractère géologique de régions considérables où je n'ai pas mis les pieds.

Le climat. — Si du sous-sol et du sol nous voulons passer maintenant aux produits de ce sol, il faut examiner auparavant le facteur qui est, nous l'avons dit, le plus important au point de vue de la végétation, c'est-à-dire le *climat.*

Le climat de toute la région située au nord

du golfe de Guinée est soumis à deux influences contraires et d'une remarquable puissance : celle des pluies équatoriales et celle du Sahara.

En partant de la côte et jusque vers le 9ᵉ parallèle, l'influence des pluies équatoriales favorisées d'ailleurs par le voisinage de la mer, est prédominante. Au bord de la mer, vers le 6ᵉ degré, nous trouvons l'année partagée en quatre saisons, deux saisons de pluie séparées par deux saisons relativement sèches, pendant lesquelles il pleut encore de temps en temps ; la terre est donc entretenue d'un bout de l'année à l'autre dans un état d'humidité qui favorise la permanence de la végétation.

Mais, si la végétation se trouve favorisée par la pluie au point de se rendre maîtresse de la surface du sol et de le recouvrir de plusieurs étages de frondaisons superposées, on sait qu'inversement ces différents rideaux favorisent l'évaporation.

Ils produisent une ombre qui rafraîchit le sol et une fraîcheur atmosphérique qui provoque de fréquentes ondées.

On a dit souvent qu'en Algérie les forêts manquaient faute de pluie ou bien que la pluie faisait défaut parce qu'il n'y avait pas de forêts pour provoquer la condensation des nuages. Les habitants de l'Algérie s'en prennent tour à tour au ciel et à la terre de la sécheresse qui désole le pays, souhaitant des forêts pour faire tomber la pluie, et de la pluie pour faire pousser les quelques arbres dont ils cherchent, à défaut de grandes forêts, à constituer de maigres bouquets.

Au bord du golfe de Guinée, nous retrouvons, mais en sens inverse, le cercle vicieux dont on se plaint sur les bords de la Méditerranée. Les pluies font pousser de grands arbres et les grandes forêts qui prennent ainsi naissance appellent à leur tour de nouvelles ondées.

La forêt. — Dans la forêt qui borde la côte se trouve d'abord, au ras du sol, un tapis gazonné ; au-dessus de cette herbe légère règne un étage souvent continu de feuilles larges et épaisses fournies par des arbustes analogues à nos plantes d'appartement. Au-dessus de cette double verdure émergent en colonnades serrées les fûts élancés des palmiers à huile et des cocotiers ; les chevelures de ces arbres se touchent et s'entre-croisent pour former un plafond vert sombre élevé de 15 à 20 mètres au-dessus du sol. Mais ce plafond n'est point tellement imperméable qu'il ne se laisse traverser par les cimes gigantesques d'arbres à grandes ramures dont les plus beaux types paraissent être les fromagers, les baobabs et les rocos. Lorsque de l'une des rares éminences qui permettent d'apercevoir le dessus de la forêt, on peut dominer un paysage dahoméen, on n'aperçoit que le moutonnement produit par les grands arbres branchus dont je viens de parler en dernier lieu, si bien qu'on ne se douterait guère à première vue qu'il existe au-dessous d'eux un triple étage de végétaux.

Mais si l'on veut se faire une idée complète de l'aspect intérieur de la forêt, il faut encore ajouter aux quatre étages principaux de la végétation forestière une multitude de menues branches et de lianes qui tantôt isolées, tantôt tissées comme pour former des rideaux de théâtre, relient les uns aux autres stipes de palmiers et troncs de fromagers.

A partir de Zagnanato, vers le 7ᵉ degré, les pluies cessent d'être aussi continues et aussi intenses, la forêt s'éclaircit.

Au lieu de quatre étages de végétation, on n'en trouve plus que trois, même dans les vallées, et le plus souvent il n'y en a plus que deux.

Le gazon ras et les grandes fougères ou plantes d'appartement qui constituent les deux étages inférieurs de la grande forêt sont remplacés par une graminée dominante qui atteint jusqu'à trois mètres de haut et qu'on appelle l'*Herbe de Guinée*. Je ne puis mieux la comparer qu'à la folle avoine assez répandue dans nos champs et qui est pour les cultures des céréales algériennes une plante adventice redoutée. Au-dessus de ces grandes herbes qui ne pourraient se développer sous l'ombre épaisse du palmier, la forêt se trouve formée par des arbres d'essences diverses, mais presque tous dicotylédones et à feuilles caduques. Le palmier ne se rencontre plus que dans le fond des vallées où il trouve encore l'humidité favorable à son développement.

Il devient de plus en plus rare au fur et à mesure qu'on remonte vers le nord. A Tchaki, par exemple, il ne pousse que s'il est cultivé ou arrosé, et au-dessus de 8° 40, on ne le rencontre plus que dans la vallée du Niger.

La masse des eaux du fleuve entretient en effet, dans cette vallée, une telle humidité que la végétation peut y défier les rigueurs du climat et que les palmiers, soit *élaïs guineensis*, soit roniers ou flabelliformes, se trouvent par massifs assez considérables jusqu'au nord de Saye et probablement même au nord de Tibifarca.

Si nous revenons maintenant entre le 8ᵉ et le 9ᵉ degré, à l'étude de la forêt et des arbres à feuilles caduques qui y dominent, nous y voyons intervenir en même temps que la sécheresse relative au climat, un nouvel élément : je veux parler des *incendies périodiques*.

Incendies périodiques. — L'herbe de Guinée qui croît pendant la saison des pluies se dessèche lorsque ces pluies ont cessé depuis quelque temps; elle peut alors s'enflammer très facilement et les indigènes ne manquent pas d'en profiter, soit pour préparer leurs cultures sans recourir à de trop pénibles défrichements, soit pour organiser la chasse des divers animaux qui peuplent la forêt.

Si les nécessités de la culture n'exigent que des incendies d'une surface relativement très faible, en revanche, les incendies organisés par les chasseurs se déploient sur des fronts qui dépassent souvent dix kilomètres; le rideau de flamme — et on comprend d'après ce qui a été dit de l'herbe qui le produit que ce rideau doit être très puissant — sert de ligne de rabatteurs, il pousse devant soi sous les coups des chasseurs les animaux affolés.

Enfin, en dehors des incendies systématiques allumés soit par les cultivateurs, soit par les chasseurs, il s'en produit partout pendant les quelques semaines qui suivent la saison des pluies.

D'abord pas plus les chasseurs que les cultivateurs ne se préoccupent d'éteindre les incendies qu'ils ont allumés lorsque les flammes ont atteint ou dépassé la limite qu'ils jugent utile à leur industrie, et tout naturellement un noir qui se propose d'embraser les herbes sur un terrain de cinq ou six hectares réservés à ses travaux agricoles, incendie à cette occasion plusieurs kilomètres carrés de forêt.

Favorisés par de nombreux amas de substances combustibles et par des vents assez réguliers et assez constants, ces incendies promènent leurs flammes pendant plusieurs jours de suite, et ne s'arrêtent, le plus souvent, que lorsqu'ils arrivent à un territoire qui a été précédemment brûlé. En somme, quelles que soient leurs origines, quelles que soient les causes qui ont étendu leurs ravages, les incendies de la saison sèche ont pour résultat de brûler toutes les herbes qui forment le sous-bois dans la forêt de l'hinterland dahoméen.

Il est à peine besoin de remarquer que cette destruction ne devient générale qu'à partir d'une certaine distance de la mer. Il est en effet impossible d'allumer des herbes qui sont toujours vertes comme celles de la forêt équatoriale.

On parvient à les brûler par places entre Agrimé et Abomé. Cette opération devient plus facile aux environs de Paouignan; enfin à partir de la latitude de Tchaourou (9° degré), on peut dire que très exceptionnelles et très peu étendues sont les surfaces qui échappent aux incendies annuels.

Dès lors les plantes qui recouvrent le sol ne sont plus celles auxquelles la nature du terrain et la répartition de la pluie dans le cours de l'année permettraient de se développer. En fait, à partir d'une ligne qui avoisine le 9° degré, il ne pousse pas d'autres arbres que ceux qui sont capables de résister à l'incendie des herbes; presque tous ces arbres en souffrent d'ailleurs s'ils n'en meurent pas, et la végétation diminue d'intensité au fur et à mesure qu'on monte vers le nord, aussi bien sous l'influence des incendies que par suite de l'augmentation de la sécheresse du climat. On ne s'étonnera pas que les essences qui résistent à cette influence soient justement celles dont l'écorce ou l'aubier contiennent le plus de liquides non combustibles. Aussi trouve-t-on en grande partie le gommier (producteur de la gomme arabique constaté par nous à partir de la Moursa) et le carité, dont l'écorce et les fruits contiennent des sucs intermédiaires entre la gomme élastique et la gutta-percha.

Progressivement, au fur et à mesure qu'on se rapproche du Sahara, la forêt vierge qui s'est éclaircie aux abords d'Abomé, qui n'est plus qu'un taillis sous futaie entre Abomé et Tchaourou, est remplacée au nord du 9° degré par un taillis de plus en plus clairsemé, auquel succède un maquis de plus en plus court et rare. Ce dernier fait bientôt place à la steppe à laquelle succède enfin le désert proprement dit.

Le type de la zone, intermédiaire, entre le Sahara et la forêt équatoriale, peut être pris sur le parallèle de Saye, qui donne assez bien une moyenne applicable aux pays tropicaux du nord de l'Afrique. Ce sont eux qui constituent la plus grande partie de notre Soudan français.

Dans ces pays tropicaux ou soudaniens il n'y a plus, comme sous l'équateur, au bord du golfe de Guinée, quatre saisons par an; il n'y en a plus que deux : une longue saison sèche et une saison des pluies. Au cours de cette saison des pluies, les plantes favorisées par une humidité et une chaleur constantes naissent et croissent pour commencer à mûrir à l'arrivée de la saison sèche et périr ensuite.

C'est un climat béni pour les céréales et en général pour toute plante qui peut naître et mûrir en cinq ou six mois. Partout où on sème du grain, blé, maïs, mil, riz, la récolte m'a paru superbe. Partout où on ne sème rien, l'herbe pousse naturellement, fournissant aux animaux du pâturage d'abord, du foin ensuite : on a donc affaire à un pays de céréales et aussi à un pays de bétail.

Cherchons maintenant, comme nous l'avons fait pour la forêt, à délimiter les zones de ces différentes cultures.

On fait du maïs partout, puisqu'on en fait à Porto-Novo et qu'on en fait aussi en France; mais dans le bas Dahomé, le maïs forme le fond de la nourriture; il donne deux ou trois récoltes par an, autant du moins qu'on en peut juger quand on n'a pas cultivé soi-même et qu'on doit s'en rapporter au dire, entaché de la plus invraisemblable imprécision, des naturels du pays.

Le mil est déjà cultivé à Abomé, mais on le cultive de plus en plus au fur et à mesure qu'on s'élève dans le nord. Il y en a deux variétés principales : l'une a ses grains éparpillés en petits bouquets et forme un épi analogue à celui de l'avoine; l'autre fournit un long épi analogue à celui du plantin, mais mesurant de 25 à 80 centimètres de long, dans lequel les grains s'entassent tout autour d'une tige centrale, c'est le *mil chandelle*. Le cultivateur doit s'enquérir de celle de ces variétés que l'on cultive dans le pays, car il arrive (cela m'est arrivé) que l'une d'elles prospère dans un champ tandis que l'autre n'y donne rien.

Le riz se cultive soit comme riz de montagne semé à la volée, soit comme riz inondé dans des rizières où on le repique. Il est toujours, quand on le livre à la consommation, très grossièrement décortiqué. Cette culture est assez rare dans les pays soudaniens qui n'ont pas le bénéfice d'inondations périodiques, mais on la rencontre dans toute la vallée du Niger, au-dessus de Roussa. Les pays qui en produisent le plus sont les territoires de Yaourie et la vallée de Farca à Lamordi. On en trouve encore de petites quantités à Kirotachi et à Gaya.

Il est probable que les indigènes développeraient leurs rizières ou en créeraient de toutes pièces si les Européens, pour lesquels il a une valeur bien supérieure à celle du mil, venaient s'établir dans la vallée. J'ignore si cette culture pourrait se développer au-dessous de Boussa et j'ignore surtout les raisons pour lesquelles elle ne s'y est pas développée ; mais ce qui est certain, c'est que l'on achète, pour tous les croumans employés dans les factoreries du bas Niger et de la côte, du riz provenant soit du moyen Niger d'une part, soit de l'Europe de l'autre. C'est dire que, dans les régions maritimes ou équatoriales, cette denrée atteint un prix élevé, à l'inverse de tout ce qui est cultivé sur place.

Le blé n'apparaît sur le Niger qu'aux environs de Zinder, où il est loin de constituer un aliment courant ; il est probable que son habitat de prédilection est sensiblement au nord du 14° degré.

Il est intéressant de se rendre compte des zones où les céréales (mil et maïs) donnent deux récoltes par an au lieu d'une seule. Il faut d'abord laisser de côté les cultures obtenues par irrigation. Pour celles-là, il n'y a pour ainsi dire pas de saison, il fait assez chaud entre le 4° et le 14° degré pour que, du moment qu'une plante est arrosée, elle entre en végétation. Il s'agit donc ici uniquement des cultures obtenues sans autre arrosage que celui qui résulte du jeu naturel des saisons.

Il est clair qu'entre la zone tropicale, ayant pour axe le 14⁰ parallèle, où il pleut presque tous les jours pendant quatre mois, où il fait une sécheresse presque absolue pendant les huit autres mois, et la zone équatoriale où on constate cent quatre-vingts jours de pluies par an répartis entre deux longues périodes de quatre à cinq mois chacune, il doit exister un large espace intermédiaire où le climat participe à la fois du régime équatorial à quatre saisons et du régime tropical à deux saisons.

Si on admet qu'à l'équateur les deux saisons de pluies ont leur milieu aux équinoxes, c'est-à-dire le 21 mars et le 21 septembre, tandis qu'à hauteur de Bamakou le milieu de la saison sèche tombe en février et celui de la saison des pluies en août, il faut s'attendre à une série de climats de transition. Nous allons essayer d'en préciser les caractères.

Vers le 6⁰ degré, dans le bas Dahomé, les deux saisons des pluies sont déjà inégales. Celle qui a son milieu en mars est plus courte et donne moins d'eau que celle de septembre;

la saison des pluies qui tombe à l'époque de notre printemps va diminuer de longueur au fur et à mesure que nous remontons vers le nord, et il existe, théoriquement du moins, un parallèle où cette saison des pluies sera réduite à un seul jour.

Il n'est pas d'homme sérieux qui s'attende à ce qu'un voyageur qui a passé deux jours, au plus, au milieu des préoccupations les plus diverses, dans cinquante localités soumises aux climats les plus variables, ait la prétention de définir à son retour, au moyen de ses seules observations, le climat de chacune de ces localités. Cette prétention serait d'autant plus insensée que les renseignements recueillis par conversation avec les habitants sont généralement assez confus. Pourtant à l'aide des considérations de météorologie générale qui ont précédé et des indications fournies soit par les naturels, soit par l'aspect des cultures et de la végétation, on peut essayer d'en donner une idée.

Ainsi, on sait que les gousses de coton exigent, pour être récoltées dans de bonnes conditions, une sécheresse de cinq à six semaines;

cette absence de pluies ne se rencontre pas près de la côte, mais déjà, à Abomé, le cotonnier fait son apparition, et à hauteur de Tchaki, il paraît être dans des conditions qui conviennent parfaitement à la récolte. Les produits des tisseuses de Tchaki et de Kitchi sont, en effet, de première qualité.

Ce renseignement donné sur le nombre de jours sans pluies qu'on peut espérer à chacune des saisons sèches du 7° au 8° parallèle et demi, cherchons maintenant à partir de quel point la saison des pluies ayant son milieu en février va cesser d'être régulièrement utilisée par l'agriculture. A Etchepétéi, lorsque nous y sommes passés le 1er février, les cultures étaient préparées et on attendait, me dit le chef d'Etchepétéi, la pluie dans quelques jours. On la souhaitait abondante, car de cette abondance dépendait la récolte à faire dans cinq lunes; mais le chef ajoutait que la récolte qu'il venait de rentrer pourrait leur permettre d'attendre au moins un an, car, disait-il, cette récolte-là ne manque jamais, elle a plutôt trop d'eau que pas assez.

Observations et conversation concordent

donc pour permettre d'affirmer qu'à Etchepétéi il y a encore deux saisons de pluies par an et deux récoltes, pluies et récoltes très inégales, la saison des pluies du commencement de l'année venant beaucoup plus tard et finissant beaucoup plus tôt qu'à Abomé.

A Cayoman, à Badgibo, il y a encore des pluies de printemps; on peut donc encore espérer des récoltes en août et en février. Mais à Boussa (10º degré), les habitants renoncent absolument à faire état pour leur agriculture des pluies qui pourraient venir en mars ou en avril.

A partir de Boussa, jusqu'au-dessus de Zinder, et probablement jusqu'à Tombouctou et au delà, il n'y a plus pratiquement qu'une seule saison des pluies et une seule saison sèche chaque année.

Entre Badgibo et Boussa, si on veut encore serrer de plus près cette distinction entre les pays équatoriaux et les pays tropicaux, on trouvera un point intermédiaire qui marque avec une étonnante précision une suture entre les deux régions. Cette localité est l'île de Patachi, qui donne son nom au deuxième des trois grands rapides de Boussa. Cette île, qui est à 40 kilomètres en aval de Boussa, est, pour les bateliers venant du Nord, comme la porte du paradis équatorial. Elle est couverte de palmiers à huile, presque à l'égal des bords de la lagune de Porto-Novo. Les bananiers y abondent et le mil et le maïs y étaient mûrs le *10 juillet* lorsque j'y passai. C'est là une preuve qu'il pleut habituellement en avril, mais ces conditions du climat sont d'autant plus frappantes qu'à Boussa, trois jours auparavant, dans un pays dont la latitude différait moins de celle de Patachi que celle de Melun ne diffère de Paris, j'avais trouvé les plantations sortant de terre, grâce à la toute récente arrivée des pluies à Boussa. La terre se reposait donc à Boussa dans un bain de soleil depuis le mois de janvier. A Patachi, au contraire, elle s'était ouverte dans l'intervalle sous l'influence d'une courte mais régulière saison de pluies, juste assez pour faire naître et mûrir une récolte avant l'arrivée de la grande saison des pluies de juillet.

Garafiri, où j'avais couché la veille, participe encore du climat de Boussa.

Ainsi, comme nous le faisions prévoir tout à

l'heure, il est possible, même pour un simple passant, de définir à moins de 20 kilomètres près un point du parallèle météorologique qui sépare, au moins au point de vue pratique, le climat à quatre saisons du climat à deux saisons. Il ne s'ensuit pas, bien entendu, qu'il suffirait de s'établir au sud du parallèle de Patachi pour être certain d'avoir chaque année deux saisons de pluies et deux récoltes. Je crois au contraire que Patachi doit à sa situation au milieu du fleuve un regain d'humidité qui fait que la ligne de partage entre les pays tropicaux remonte sur ce point un peu plus au nord que dans l'intérieur des terres.

Nous nous sommes appuyé principalement sur l'observation de la culture des céréales pour chercher à nous rendre compte des modifications du climat; mais il est d'autres cultures qui concourent à renforcer les conclusions qui précèdent, et d'abord parlons du bananier.

Le *bananier*, qui n'exige que peu de culture, mais qui est pourtant l'indice d'une culture au moins rudimentaire, ne vient bien que dans les pays où il n'a pas à souffrir trop longtemps de la sécheresse. Or, depuis la côte jusqu'à Patachi on trouve des bananes au marché, on voit des bananiers aux abords des villages. Au-dessus de Patachi on n'aperçoit plus un seul bananier, on ne mange plus une banane. On aurait franchi une frontière où un douanier aurait taxé la banane à son poids d'argent que la transition ne serait pas plus radicale.

Enfin, une indication d'un caractère moins tranché, mais encore concordante, nous est donnée par l'étude de la culture de l'igname. Ce tubercule, qu'on rencontre depuis l'Alama jusqu'à Boussa inclus, ne paraît pas être aussi exigeant que les céréales au point de vue de la régularité des pluies; aussi est-il par excellence l'aliment farineux de toute la région où la petite saison des pluies rend incertaine l'une des deux récoltes annuelles de céréales.

L'axe de la région où on le cultive paraît passer par Tchaki et on n'en trouve plus du tout au nord de Boussa, ce qui paraît prouver qu'au-dessus du 10⁰ parallèle on ne peut pas compter sur des pluies, même accidentelles, depuis le mois de février jusqu'au 15 mai, tandis qu'à Boussa, où nous avons vu que les pluies de printemps n'étaient pas assez régulières pour déterminer les habitants à deux semailles de céréales, elles paraissent encore assez fréquentes pour que l'igname puisse y être cultivé.

CHAPITRE II

Agriculture.

Développement du travail agricole. — Le maïs, l'igname, les soins extrêmes apportés à sa culture. — Des rendements. — Haricots, patates. — Instruments agricoles. — Pas de bétail. — Pas de fumier. — Le bananier. — Les arbres fruitiers.

Nous venons d'esquisser brièvement, afin de rechercher les indications qu'elle pouvait fournir sur le climat, l'étude des différentes cultures qui sont les plus exigeantes au point de vue météorologique. Maintenant que nous connaissons sol et climat, autant qu'un voyageur peut dire qu'il connaît, n'ayant fait qu'apercevoir, nous pouvons parler en meilleure connaissance de cause de l'industrie primordiale qui met en œuvre le sol et le climat : nous voulons parler de l'agriculture.

C'est un préjugé contre lequel je n'ai pas cessé d'avoir à lutter depuis mon retour que de croire que les naturels se contentent de récolter les produits d'une végétation spontanée. On entend constamment répéter : « Pourquoi le nègre travaillerait-il ? Il n'a pas de besoins, le climat ne lui impose pas de vêtement, il n'a pas besoin de construire de maison pour se mettre à l'abri du froid ; il est très sobre, quelques fruits enlevés à l'arbre à pain, quelques gousses de baobab suffisent pour apaiser sa faim. »

Il y a dans ces propos à peu près autant d'erreurs que de mots. Je n'espère point enlever à mes compatriotes l'illusion qui leur paraît si douce qu'il existe quelque part un pays béni où les hommes n'ont rien à faire pour assurer leur nourriture, leur vêtement, leur habitation. Si un tel pays existe, du moins je ne l'ai point encore trouvé ni en Asie, dans les plaines pourtant fertiles du delta tonkinois, où l'homme, la femme et l'enfant à partir de huit ans travaillent à qui mieux mieux, ni sur les coteaux paradisiaques de Ceylan, où s'étagent des rizières parcourues par d'innombrables canaux enserrés de remblais qui forment un réseau continu et témoignent d'un énorme labeur humain; ce n'est pas davantage au Dahomé, ni dans l'hinterland tropical du Dahomé, où les nécessités du travail sont telles que l'esclavage s'y développe comme une plaie sociale, héréditaire depuis des milliers d'années.

Ce n'est pas davantage au Congo, où les scènes d'anthropophagie témoignent, au dire des observateurs sérieux, de plus de besoins alimentaires que de férocité.

On m'a dit en effet, et la valeur de ceux qui me l'ont dit fait que je le crois, que l'origine de l'anthropophagie est presque toujours une disette d'aliments; le sauvage qui mange son semblable et que certains se sont plus à nous représenter comme un raffiné dans la gourmandise et la cruauté, ne serait, au dire de gens plus sérieux, qu'un infortuné réduit aux dernières extrémités, qui, soit par suite de sa paresse ou de son inhabileté, soit par l'irrégularité des récoltes, est parvenu au point où en étaient les naufragés de la *Méduse*. Que certaines habitudes de cannibalisme aient survécu aux nécessités qui ont fait de certains hommes des anthropophages, cela n'est point douteux non plus; mais quand on se trouve en présence de pareilles perversions, il n'est pas nécessaire, paraît-il, de remonter bien loin pour trouver leur origine dans la misère méritée par la paresse, ou dans la misère causée par la force majeure.

Partout il faut que l'homme peine pour produire et récolter ce qui lui est nécessaire pour vivre.

Nous trouvons donc partout au Dahomé, chez les Mahis, dans le Yorouba, dans le Dendi, dans le Zaberna et même dans la très fertile vallée du Niger, partout nous trouverons des gens travaillant pour vivre, partout nous trouverons que, comme au temps de Sully, le labourage et le pâturage sont les deux mamelles où se nourrit le pays, partout nous rencontrons l'homme courbé sur la terre pour l'ouvrir et la féconder de ses sueurs.

Le but de ce travail est presque toujours, tout comme en France, l'obtention d'un aliment à la fois farineux et azoté analogue au pain et qui doit fournir le fond de la nourriture.

Dans le bas Dahomé et jusqu'au-dessus de Savé, le pain, c'est l'*akassa*, sorte de pâte de maïs, pâte diaphane, blanche et gélatineuse dans laquelle l'eau est incorporée à la farine par une sorte d'émulsion ou de brassage demandant à la ménagère une ou deux heures tous les matins.

Pour obtenir ce maïs, l'homme a dû défricher un petit champ, il a dû le planter, le sarcler, le récolter. Sa femme fera le reste à la maison.

Le maïs demande environ trois mois pour venir à maturité. Comme la végétation est presque continue entre Abomé et la mer, je ne serais point étonné que la même terre fût capable d'y fournir trois ou quatre récoltes par an.

A la culture du maïs s'associe en général celle du manioc et de l'igname. Ces deux plantes au sujet desquelles je ne suis pas en état de préciser la marche de la végétation, fournissent des tubercules de valeur très inégale, l'igname étant de beaucoup le meilleur. Dans le manioc, la racine tuberculeuse porte d'une façon très apparente la canalisation des sucs qui alimentent la plante; elle a, lorsqu'on la mange après l'avoir fait cuire, le goût d'une pomme de terre un peu croquante et poreuse, la saveur en est franche et agréable.

L'igname est d'un grain beaucoup plus fin; la fécule vient affleurer à la surface de la racine lorsqu'on la fait bouillir à la vapeur. Les tranches sont blanches, presque pas fibreuses et ont un goût intermédiaire entre celui de la pomme de terre et celui de la châtaigne cuite à l'eau; la consistance est un peu plus ferme que celle de ce dernier fruit, et l'igname dégage en outre un petit parfum qui rappelle celui de l'écremoille ou châtaigne d'eau, si abondante dans les marais de notre Gâtinais.

Il n'est pas rare de trouver des racines d'igname dont le poids dépasse 4 kilogr. Comme cette racine se conserve très bien plusieurs mois après la récolte, comme les insectes ne paraissent pas la détruire trop facilement, comme d'ailleurs il suffit de la découper et de mettre les tranches dans une marmite pour avoir au bout de trois quarts d'heure d'ébullition un aliment d'un goût parfait, assez consistant pour se transporter aux champs ou même en voyage, susceptible de se conserver sans altération sensible pendant plus de vingt-quatre heures, on voit que l'igname est pour l'alimentation une ressource des plus précieuses.

Aussi cette plante est-elle l'objet d'une culture qui ferait l'admiration de nos agronomes les plus exigeants. Ni la betterave dans le Nord, ni la vigne aux environs de Béziers, ni l'asperge à Argenteuil, ne reçoivent autant de travail que l'igname à Kitchi et à Cayoman. Non seulement le sol qui doit la recevoir est débroussaillé après avoir été incendié, mais on n'y laisse pas paraître une seule herbe adventice ; les plants d'igname, espacés de deux mètres en tous sens, sont alignés au cordeau ; chacun d'eux est placé au centre d'un cône de terre ameublie à la pioche qui mesure à peu près un mètre de haut sur deux mètres de diamètre à la base.

Le petit tubercule qui engendrera la plante est enfoncé à environ 50 centimètres dans un trou partant du sommet du cône et que l'on remplit jusqu'à ce sommet d'un toron de fumier à demi consommé. Lorsque la plantation est terminée, le sommet de ces petits cônes reçoit encore un peu de paille, soit afin de fumer le sol, soit afin d'empêcher que le cône s'effondre sous l'influence des averses et du ravinement qu'elles produisent. Ce travail est fait naturellement à la main et à la pioche, car la charrue est inconnue dans le pays.

J'estime qu'il n'est pas inférieur à celui que demande une plantation de vigne et qui représente par hectare, pour un défoncement à 60 centimètre, 1 200 francs de travail de terrassier français payé 2 francs 50 par jour.

Voilà le travail nécessaire à la culture de l'igname. Quel est maintenant le rendement de cette culture? Ici, je suis bien embarrassé pour répondre aux questions que m'a posées M. Grandeau, du moins pour y répondre avec la précision qu'il apporte lui-même à l'étude des choses agricoles. Pour peu qu'il se soit adressé, et il l'a certainement fait, à quelqu'un de nos paysans pour savoir de lui quels poids de grain et de paille il avait récoltés dans un champ de dimension déterminée, il m'excusera de ne pas pouvoir le satisfaire comme je l'aurais désiré. Sur cinquante paysans de France auxquels il aura posé des questions, je gage que quarante-neuf ont dû lui donner le nombre d'hectolitres de grain, mais pas le nombre de kilogrammes, ou bien s'ils savaient au juste le nombre de quintaux de blé, ignoraient-ils le plus souvent le poids de la paille obtenue ; enfin, pour ceux qui connaissaient par hasard avec précision ces deux éléments, il fallait se demander s'ils avaient mesuré à quelques ares près la dimension de leur champ ; enfin si quelques-uns possédaient exactement la superficie du terrain, est-on jamais bien sûr qu'ils n'exagéraient pas le produit par gloriole ou bien qu'ils ne le diminuaient pas par suite d'une tendance d'esprit si naturelle à nos agriculteurs qui les porte à n'être jamais satisfaits ? Ce sont pourtant ces affirmations d'agriculteurs français qui, réunies par les maires et centralisées au Ministère de l'Agriculture, forment les bases de la statistique agricole. Si l'on est certain que, prise séparément, chacune de ces affirmations est fausse, du moins on peut espérer que, dans l'ensemble, leurs erreurs se compensent et que les chiffres globaux se rapprochent de la vérité.

Je n'avais pas, quant à moi, la ressource de compenser une erreur individuelle par d'autres erreurs de sens contraire, et d'ailleurs, interroger un noir sur le produit de sa récolte, parler de mesures, de poids à un homme qui ignore ce qu'est un poids ou une mesure, de mesures de superficie dans un pays où la surface du sol n'a ni signification ni valeur, c'est demander soi-même à être trompé. Il m'eût fallu, pour avoir une notion quelconque de cette branche très importante de la production, assister moi-même à la récolte d'un champ d'ignames, peser cette récolte et mesurer le champ. Mais cela est impossible même à quelqu'un qui resterait plusieurs semaines au même endroit, car on ne récolte pas tous les ignames d'un champ au même moment. Les noirs examinent les pieds, se rendent compte de ceux dont la racine est arrivée au terme de son développement, et les arrachent en laissant de côté les autres qui continuent à croître.

En comparant certaines racines que je voyais récolter avec de petits tubercules que je voyais planter, j'ai cru pouvoir conclure que l'igname produit représentait de quinze à vingt fois sa semence. Or, si excellent que soit le produit de l'igname, il ne me paraît pas admissible que des agriculteurs, même des agriculteurs noirs, se livrent à un travail aussi gigantesque pour obtenir quinze ou vingt fois le poids de la racine employée. Il faut donc croire que la culture de l'igname, si elle n'est pas rémunératrice par elle-même, entre dans une rotation culturale dont l'ensemble est rémunérateur.

En effet, pendant même que pousse l'igname, sur les flancs des petits cônes dont j'ai parlé, on voit pousser des tiges de mil. Lorsque cette première récolte de mil est achevée, lorsque l'on a régalé par quelques coups de pioche les monticules dont on a arraché l'igname, on plante de nouveau, et sans interruption, du mil sur le champ qui se trouve ainsi profondément labouré et bien préparé. De sorte qu'il se produirait pour l'igname ce qui arrive en France pour la betterave où une baisse sur l'alcool et sur le sucre fait que les cultivateurs sont en perte sur la récolte principale, mais que la terre bien travaillée et abondamment fumée fournit des récoltes subséquentes en céréales et en fourrages dont le rendement finit par être rémunérateur.

Après l'igname, à propos duquel il convenait de montrer de quels efforts intelligents l'agriculteur noir était susceptible, il faut passer en revue quelques produits accessoires, qui sont, eux aussi, l'objet de cultures très soignées. En première ligne, il faut citer les haricots rouges arbustifs cultivés principalement entre Abomé et Zagnanato, mais qu'on retrouve un peu partout.

Une légende veut que les haricots du bas Dahomé pilés et réduits en pâte, puis frits comme des beignets dans l'huile de palme, aient été la première révélation des emplois possibles de cette huile dont des millions de tonnes ont été depuis un demi-siècle expédiées sur Marseille et sur Liverpool.

Les villages indigènes sont entourés de petites cultures maraîchères qui fournissent plutôt des condiments que des aliments, tels que les tomates (petites et rondes comme des billes) qu'on trouve entre Agrimé et Zagnanato; les oignons qui sont superbes entre Boussa et Saye, les piments, qu'on rencontre un peu partout et des herbes de toute nature fournissant dans la cuisine nègre l'équivalent de nos appétits et des cives.

Une culture qui occupe moins de surface que les précédentes est celle des patates douces. Elles ne viennent que dans les endroits privilégiés, où la terre est très profonde, et seulement quand on peut les arroser. Mais comme elles poussent très vite et qu'il ne s'écoule pas six semaines entre le moment où on les plante et celui où l'on mange les produits, cette culture se répète presque sans discontinuer tout le long de l'année sur les mêmes surfaces et produit, en somme, une grande quantité de patates : on en trouve sur les marchés.

Ajoutons enfin, pour être complet, l'indigo dont les indigènes se servent pour teindre leurs pagnes ; on en trouve en plusieurs endroits, notamment à Badgibo, où l'on rencontre même sur la rive droite les anciennes fosses à teinture qui servaient aux habitants de la ville avant que, pourchassés par les Dahoméens, ils se fussent réfugiés sur la rive gauche.

Telles sont esquissées à grands traits les cultures des pays que j'ai parcourus.

Toutes ces cultures sont, on l'a dit, précédées par des incendies qui ont pour but de nettoyer la terre et de rendre le défrichement à la pioche plus facile. Il est certain également que les cendres résultant de la combustion d'une couche d'herbes qui dépassent deux mètres de haut ne peuvent que fertiliser le sol.

L'instrument, l'unique instrument du cultivateur, est une pioche à manche très court depuis la mer jusqu'à Boussa et à manche beaucoup plus long dans la région supérieure du Niger. Cette différence tient probablement à ce que dans le sud la culture de l'igname domine et précède toutes les autres, et comme c'est une culture exigeant de gros mouvements de terre, il faut à l'ouvrier un instrument large et puissant, dont le manche se casserait s'il était trop long. Au contraire, dans la vallée de moyen Niger, où un sol très meuble et légèrement sableux ne reçoit guère que des cultures superficielles, il suffit d'un petit piochon emmanché très long.

Pioche et piochon sont d'ailleurs fabriqués de la même manière. Le forgeron produit lui-même, ou achète au traitant venu de la côte,

AGRICULTURE

du fer feuillard d'environ 2 millimètres d'épaisseur. Il taille dans ces feuilles une sorte de cœur terminé en haut par une longue pointe. Les manches sont constitués par une branche d'arbre coupée un peu au-dessous d'un embran-

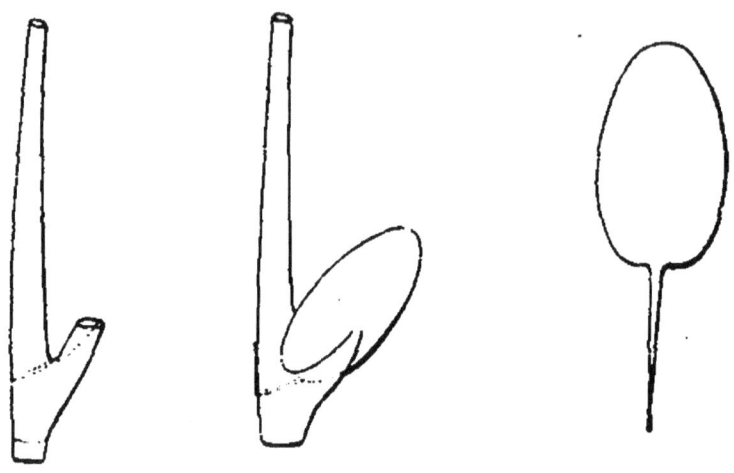

Fig. 1.

chement. On conserve la branche la plus droite pour la mettre dans les mains de l'ouvrier et on rogne l'autre branche de manière que le tronçon restant puisse servir d'appui et de renfort à la partie supérieure du fer de la pioche. Cela fait, on perce un trou au travers du manche, on y introduit la pointe de fer découpée dans la feuille avec le cœur de pioche et on rabat l'extrémité au delà du trou de manière à la fixer dans le manche. Ce mode de fabrication qui permet au forgeron de ménager une pointe destinée à entrer dans un manche au lieu de pratiquer dans le métal un œil dans lequel entrerait le manche, est aussi employé pour la confection des herminettes, seul outil du charpentier avec lequel il fait, nous le verrons plus tard, de véritables prodiges.

Mais quelle que soit la perfection à laquelle atteint le piocheur nègre, perfection qui fait de lui jusque dans notre Tunisie française le rival du piocheur sicilien, il manque, et il manquera peut-être encore longtemps à l'agriculture de la boucle du Niger, un élément indispensable de développement, je veux dire le gros bétail.

Sans gros bétail, il n'est pas, pour le moment du moins, de travail agricole économique ni puissant, il n'est pas non plus d'engrais, élément tout aussi indispensable que le travail à la prospérité de la culture. Sans doute les principes azotés ne sauraient faire défaut en présence d'agents nitrificateurs aussi puissants que les orages tropicaux; mais si l'azote ne manque pas aux plantes cultivées, rien ne vient réparer les emprunts qu'elles font dans le sol en matières minérales. Cette absence de restitution des éléments minéraux est d'autant plus préjudiciable à la nutrition des plantes que le sol (nous l'avons dit à propos de la constitution géologique du pays) est remarquablement pauvre en minéraux assimilables dérivés de la chaux. Aussi n'est-il pas nécessaire d'interroger longtemps les noirs pour apprendre d'eux qu'au bout d'un certain temps le sol qu'ils livrent à la culture cesse de produire des récoltes rémunératrices.

Nous verrons que dans toute la boucle du Niger il n'est pas possible de trouver des constructions, des villes ou des villages établis depuis longtemps à la même place; nous chercherons de l'exode auquel toutes ces agglomérations paraissent être soumises, différentes raisons tirées de la nature même des constructions et de la configuration du sol. Une raison d'ordre agronomique doit être notée ici en passant, c'est l'appauvrissement progressif de la terre dans la banlieue de toute agglomération qui tire sa subsistance de la terre sans jamais lui restituer aucun engrais. Si l'on interroge les anciens d'un village sur les raisons qui ont fait transporter l'assiette de ce village à quelque distance de son emplacement primitif, on ne reçoit jamais que deux réponses : « Y en a partis de là-bas parce que tout le monde crever dans sa case », ou bien : « y en a fini trouver mil dans son lougan » (lougan veut dire champ cultivé). Ainsi, on abandonne un village par suite d'épidémie, ou par suite de disette. La disette s'explique par ce qu'on vient de dire de l'absence de fumier; elle doit se produire fatalement au bout d'un laps de temps plus ou moins long suivant la richesse primitive du sol. Quant à l'épidémie, elle est tout aussi inévitable; les noirs ayant l'habitude d'enterrer leurs morts dans la case où ils ont vécu, vivent en réalité sur un cimetière dont l'infection va s'accroissant à chaque génération. Leurs champs ne sont point assez fumés, le sol de leurs maisons l'est trop.

Lorsque nous aurons importé la charrue et introduit l'usage des bêtes de labour, il ne s'en suivra pas que le travail à la pioche doive disparaître. Si quelque fanatique du progrès, agriculteur superficiel, s'imaginait faire d'un seul coup cette révolution agricole qu'est la substitution de la charrue à la pioche, il s'apercevrait bien vite à ses dépens que les coups de théâtre ne sont pas faits pour l'homme des champs. Le grand ennemi de la culture à la charrue, le chiendent, se substituerait lui-même aux plantes utiles que cet utopiste entendrait cultiver. Cette plante parasite atteint dans la vallée du Niger un développement tel qu'on a peine à la reconnaître dans le savoureux bourgou dont les anneaux, gros comme le pouce, se traînent à terre, formant un réseau de véritables cannes à sucre rampantes. Mais, petit ou gros, le chiendent est toujours un rhizome, c'est-à-dire une plante qui se multiplie par boutures de racines. Le travail de la charrue qui a pour résultat de couper chaque tige en deux tronçons, puis de les enterrer, donne donc après chaque opération deux fois plus de pieds de chiendent qu'il n'a été sectionné par le coutre de tiges de cette mauvaise herbe.

C'est dire qu'on fera bien de n'employer la charrue que sur les surfaces préalablement déchiendentées par un travail sérieux exécuté à la pioche.

Mais le noir ne se contente pas des cultures annuelles dont nous avons parlé, il s'entend aussi en arboriculture.

D'abord, tous les villages sont entourés, exactement comme nos villages de France, d'arbres fruitiers entièrement dus à l'industrie des habitants. Ce sont dans le Dahomé tous les arbres importés par des noirs au retour du Brésil, tels que les avocatiers, l'innombrable et savoureuse tribu des manguiers, les orangers et les citronniers. Ce dernier arbre se trouve jusqu'à Patachi, de même que le papayer et le bananier.

Le bananier, qui vient si facilement partout où il fait humide et chaud, a pourtant besoin qu'on le plante et, une fois planté, qu'on le sarcle. On peut être certain quand on rencontre un bananier dans la forêt qu'on est tout près d'un village ou d'un ancien village qui a été détruit. Cet arbre, qui est le roi des producteurs du monde, peut donner jusqu'à 200 000 kilogrammes à l'hectare d'un produit à la fois féculent et sucré. On discute beaucoup pour savoir si, sur la table des pays chauds, il doit représenter un dessert, un légume ou du pain. La vérité est qu'il peut tenir lieu de tout, et la preuve c'est qu'on peut très bien vivre longtemps sans manger autre chose que des bananes.

La seule raison qui ait empêché de couvrir de bananeraies les régions équatoriales, c'est que ce fruit n'est pas transportable. Pour l'apporter des Canaries à Londres, les Anglais ont dû fabriquer des bateaux spéciaux, où les régimes sont suspendus en l'air par la queue dans un entrepont bien ventilé, sans que les bananes puissent se frotter les unes contre les autres, ni même se toucher. Ceux des fruits qui ont été effleurés par les mains des porteurs se couvrent de taches noires qui, en deux jours, engendrent la pourriture. Ce sont autant de bananes perdues. Un fruit qui exige de telles précautions pour son transport est destiné à rester longtemps un aliment de demi-luxe dans les pays de la zone tempérée. Mais il n'est pas défendu d'espérer que la science trouvera des moyens de transformer la pulpe de la banane en produits faciles à transporter. Dès maintenant, l'élevage des porcs, qui n'a rien de scientifique, peut admirablement se faire avec des bananes, lesquelles transformées en jambons trouveraient facilement le moyen de payer leur transport.

Est-il téméraire de penser que toute la flore arborescente des régions équatoriales, flore dont nous avons essayé de décrire l'étonnante puissance, verra avant peu ses produits transformés sur place et transportés au loin? Est-il chimérique d'espérer que tous les fruits sucrés dont on est véritablement encombré puissent être employés à faire du vin ou de l'alcool par une industrie qui utiliserait les résidus en fabriquant de la viande? Y a-t-il tant de différence entre le raisin et l'orange par exemple, et s'imaginait-on il y a cent ans qu'un jour viendrait où le fruit de la vigne aurait pour concurrent, dans la fabrication de l'eau-de-vie, le tubercule de la pomme de terre? Si donc on nous demandait quelles sont les cultures auxquelles on peut présager dans l'avenir un développement considérable, nous n'hésiterions pas à donner la première place à celles qui, d'ailleurs, se développent le plus facilement dans chaque région : dans la zone équatoriale les arbres, bananiers et autres arbres à fruits sucrés; dans la région tropicale, les céréales et le coton.

Sans doute, aujourd'hui, les céréales et le coton sont en surproduction sur le marché du monde; leur prix avili ne leur permet pas de supporter le transport depuis le centre de l'Afrique jusqu'à ces marchés. Mais, c'est là un phénomène passager : lorsque les transports auront acquis toute la puissance vers laquelle ils marchent à grands pas, une loi inéluctable imposera à l'agriculture de cultiver, dans chaque région, uniquement le produit qu'elle est susceptible de fournir au meilleur compte. En ce temps-là le Soudan ne produira plus que du grain ou du coton, et il pourra en produire d'énormes quantités, parce que la terre et le climat y favorisent, plus que partout ailleurs, la production de ces denrées.

Dans le même temps les produits des arbres qu'on aura appris à transformer, puis à transporter, s'expédieront des régions équatoriales voisines de la côte, et ce commerce et cette production, une fois mis en train, se développeront au delà des prévisions qu'on peut faire aujourd'hui, sans craindre de concurrence, parce que nul pays du monde ne peut produire des arbres plus facilement et plus vite que cette région.

Que si l'on veut un exemple de la production dont est susceptible la flore arborescente, on en trouve un grandiose dans l'histoire du palmier à huile. Les fruits de cet arbre fournissent chaque année plus de 100 millions de francs d'huile de palme à l'exportation de la côte de Guinée vers les différents ports d'Europe. Il y a soixante ans la ceinture de palmiers à huile qui borde la côte pouvait être considérée comme un simple ornement, et l'usage que faisaient les naturels de quelques calebasses d'huile extraite du régime des palmes pour y faire frire des beignets de bananes ou de haricots ne paraissait qu'une curiosité culinaire analogue à ce que sont aujourd'hui le vin de palme, le ratafia d'ananas et l'eau-de-vie d'orange.

Rien n'empêche donc d'espérer que d'autres espèces arborescentes puissent, dans un délai plus ou moins éloigné, devenir des facteurs puissants de l'économie industrielle ou alimentaire du globe.

CHAPITRE III

Les animaux.

Les animaux domestiques. — La poule. — La chèvre. — Le porc. — Le mouton. — Le bœuf. — Leur répartition. — Leur race. — Les animaux sauvages : le gibier comestible. — Les bêtes féroces. — Reptiles. — Insectes.

Les animaux. Animaux domestiques. — Nous avons trouvé tout le long de notre voyage la plupart des animaux que l'on rencontre dans tous les villages de France. En première ligne se place la poule, dont on ne sait vraiment pas comment les Européens pourraient se passer, étant donné qu'en Afrique, comme au Tonkin, on mange du poulet à tous les repas et des œufs le plus souvent possible.

La *poule*, qui circule autour des cases et grapille des grains de mil pour elle et pour sa couvée à travers tous les villages, est de petite taille; elle n'a pas mauvais goût, se mange bouillie ou rôtie sans exciter pour le palais de l'Européen d'autre répulsion que celle qui provient de la satiété. Les œufs, qui sont d'un grand secours dans l'alimentation des Européens, ne sont pas appréciés par les noirs; ceux-ci ne considèrent les œufs que comme un moyen de reproduire des poulets; ils les laissent généralement à l'endroit même où la poule les a pondus et si on leur en demande, ils les apportent tels qu'ils les trouvent, c'est dire que dans une douzaine d'œufs on en trouve à tous les âges intermédiaires entre la ponte et l'éclosion. Il suffit de chercher à regarder le soleil au travers pour mettre de côté ceux qui renferment un poussin ou même un embryon tant soit peu développé.

Après le poulet, la viande qui paraît le plus souvent sur la table d'un blanc est la viande de *chèvre*. Les chèvres vivent au Dahomé tout autour des maisons; elles ne sont nullement sauvages, paraissent se nourrir des épluchures de légumes provenant de la cuisine de la famille et ne cherchent point à pâturer au dehors, soit que la crainte des fauves les retienne, soit que la végétation forestière ne leur fournisse rien à brouter.

Plus au nord, au contraire, lorsque la forêt s'est éclaircie et que l'herbe a pu pousser, les chèvres vivent en troupeaux plus ou moins considérables; elles sont emmenées au pâturage par un berger au service du propriétaire du troupeau ou de la collectivité des propriétaires de chèvres du village.

Dans les pays où la culture des céréales est très développée tout autour des villages, comme à Tchaki, les habitants ont la même crainte que tous nos cultivateurs de la dent et de l'humeur vagabonde des chèvres. Aussi en rencontre-t-on fort peu dans ces grands villages très civilisés.

Dans les pays baribas, au contraire, où les habitants, tout en étant bons cultivateurs autour de leurs villages, sont loin d'être casaniers et aiment à circuler dans la brousse, les chèvres sont abondantes et réunies par petits troupeaux de quarante à cinquante.

Enfin, dans le Deudi et le Zaberma, qui sont des pays découverts, très propres à toutes espèces de pâturages, les chèvres s'en vont par troupeaux considérables de deux à trois cents.

La taille de ces animaux croît également, comme leur nombre, au fur et à mesure qu'on s'élève vers le nord. Ils sont très prolifiques. Il nous est arrivé très fréquemment de trouver des fœtus dans de toutes petites chevrettes que notre cuisinier prenait elles-mêmes à la mamelle de leur mère. La chair du chevreau de lait est d'ailleurs très comparable à celle du chevreau de nos pays.

Le *porc* ne se rencontre, comme on le pense bien, que dans les pays non musulmans et dans les pays récemment convertis à l'islamisme, qui n'ont pas encore compris l'importance de l'interdiction de cette viande par Mahomet. Ces animaux sont de petite taille, ont la tête généralement trop grosse pour leur corps, leur robe et leur aspect général font reconnaître en eux le sanglier récemment apprivoisé. Leur viande est souvent malsaine, plus ou moins suspecte de ladrerie ou de trichine.

Le *mouton* se rencontre seulement au nord du parallèle 8°,30. A cette latitude, il est dépourvu de laine, mais sa taille n'est pas trop inférieure à celle de nos espèces européennes.

Les moutons à poil ras se trouvent en énorme majorité jusqu'à hauteur de Zinder, où l'on rencontre les premiers troupeaux de moutons à laine. Quelques animaux du Zaberma ont une taille qui dépasse 1 m. 10 et paraissent gigantesques au milieu de leurs congénères des régions voisines.

J'ai rapporté un bélier et une brebis de cette remarquable espèce. Ils étaient à poil ras, fauves, tachetés de blanc comme le sont certaines espèces d'antilopes et s'accommodaient assez bien de l'existence un peu tourmentée que je leur fis mener en descendant le Niger sur plus de 1 500 kilomètres. Immobiles dans les pirogues, ils parurent souffrir du mal de mer, puis s'accommodèrent du mouvement des embarcations et de la nourriture que leur servaient les laptots. Ils trouvèrent le moyen de se sauver à la nage dans les rapides de Boussa et, lorsque nous fûmes arrivés dans les régions équatoriales, ils mangèrent une pouture de riz et de mil que nous fîmes à leur intention. Ils avaient engraissé lorsque nous arrivâmes à la côte, mais là, ils moururent tous les deux l'un sur l'autre et à la même heure sur le pont du bateau qui me menait de Lagos à Porto-Novo. Il me paraît certain qu'ils ont été empoisonnés ou qu'ils se sont empoisonnés eux-mêmes en broutant quelque végétal vénéneux dans le jardinet de Lagos où je les avais attachés. Sans cet accident de la dernière heure, je les aurais amenés jusqu'à Paris. Je crois donc qu'il serait très possible d'en apporter de semblables au Museum où on examinerait le parti qu'on en peut tirer.

Tous ces moutons ont une chair très comparable à celle que nous connaissons.

Le *bœuf*, qui passait pour être tout à fait inconnu au Dahomé, au point qu'on alla en chercher pour le corps expéditionnaire jusqu'à Mossamédès, existe pourtant tout autour d'Abomé. Lors de la Fête des Coutumes, où Béhanzin avait la réputation d'immoler des victimes humaines, on immolait surtout, et on immole encore, des bœufs et des vaches en fort bon point qui ont sur les prisonniers de guerre l'avantage de coûter moins cher et de pouvoir être mangés, ce qui complète les réjouissances.

Nous prîmes part de loin à ces agapes et nous reçûmes à cette occasion de très beaux quartiers qui ne venaient certes pas de Mossamédès. Du reste, à partir d'Abomé, on trouve de l'herbe partout et on ne comprendrait réellement pas pourquoi, du moment qu'il y a de l'herbe, les bœufs qui en vivent n'y prospéreraient pas.

Toutefois, les bœufs ne se rencontrent en grands troupeaux que dans les pays où l'on trouve des pasteurs filanis. Ces filanis, foulas ou foulbès sont de remarquables bouviers. Les chefs baribas ne manquent jamais de s'emparer d'eux ou de leurs troupeaux lorsque leurs razzias les amènent à en rencontrer. Aussi, près de presque tous les villages baribas, trouve-t-on des troupeaux de bœufs, propriété, au même titre que la famille qui les mène paître, d'un des grands chefs baribas de l'endroit.

La partie de l'Afrique que nous avons parcourue paraît d'ailleurs avoir été éprouvée par la peste bovine en 1891. Le roi de Kitchi nous a dit notamment, et nous avons pu jusqu'à un certain point contrôler son dire, que sa ville avait perdu cette année-là plus de trente mille têtes de bétail. Il ne faut donc pas désespérer de voir toute cette région se repeupler de troupeaux comme elle l'était jadis. Je crois, sans pouvoir étayer cette opinion par la constatation de l'existence d'un nombreux bétail, que, de toutes les régions parcourues par nous, celle qui convient le mieux à la production du bœuf est celle où la grande saison sèche se trouve coupée par quelques pluies au mois de mars. Dans cette région, qui a pour axe le parallèle 8°,30, il existe toujours au plus fort de la saison sèche des endroits frais où l'herbe reste toujours verte et tendre. On y trouve des mares ou des flaques d'eau assez souvent pour que le bétail puisse s'y abreuver, et ce qu'on nous a dit à Tchaki et à Kitchi tend à faire croire que de nombreux bovidés ont prospéré dans ce pays.

Les animaux que j'ai rencontrés appartiennent aux races les plus diverses. Il y a de tout petits bœufs comme ceux qu'on rencontre en Algérie; il y a de grands bœufs blancs à grandes cornes sans bosse; il y a surtout, notamment sur les bords du Niger, de gros bœufs à bosse de la race si connue à Madagascar.

Toutes les femelles sont assez bonnes laitières et les femmes peuhles auxquelles incombe la manipulation du laitage sont si propres et si entendues dans cette industrie qu'on ne trouve nulle part en France de lait frais mieux présenté, de fromage mieux fait, de beurre plus propre et plus parfumé que sur les bords du Niger.

Animaux sauvages. — Ceux des animaux sauvages qui intéressent le plus les voyageurs sont ceux qui constituent le gibier comestible. Le pays que nous avons parcouru est très bien pourvu sous ce rapport, non pas certes qu'on y rencontre une infinie variété d'espèces de gibier, mais il y a de la perdrix, de la vulgaire et très agréable perdrix, comme celle de nos chasses de Seine-et-Oise, près de presque tous les villages du Dahomé au Niger.

Aussi bien en Afrique qu'en France, cet aimable gibier redoute la solitude; il se tient de préférence dans les endroits cultivés par l'homme. Avec la perdrix, et peut-être plus abondante, nous rencontrons la pintade, si commune dans toute la région que les Anglais l'appellent la poule de Guinée (*Guinea fawl*). Outre que c'est un bien plus beau coup de fusil que la perdrix, la pintade a l'avantage de fournir un excellent plat, soit au pot, soit à la broche. Elle est toujours en parfait état d'embonpoint et nous en avons mangé en moyenne un soir sur deux.

On peut penser en lisant le récit de mon voyage, qu'étant données l'extrême rapidité de notre déplacement et les besognes de toutes sortes qui nous incombaient en arrivant au gîte, je ne pouvais guère m'amuser à aller à la chasse. C'est donc par hasard, au cours de la marche, ou en me rendant dans mon chantier de construction, que j'eus l'occasion de tirer sur tous ces volatiles.

Ces pauvres bêtes, lorsqu'on les poursuivait un peu, croyaient se mettre à l'abri en se juchant sur les branches d'un arbre élevé, idée malheureuse à coup sûr qui permettait de les choisir avant l'heure du dîner tout aussi facilement que si on fût entré dans un poulailler. Lorsque le Niger cesse de circuler entre les rives rocheuses et boisées, il s'étend en d'immenses marécages au milieu desquels on ne trouve plus de pintades, mais c'est l'innombrable légion des oiseaux d'eau qui s'offrent alors aux coups du chasseur et contribuent à la variété des menus.

Presque tous les jours, des cigognes à diadème, des grues, des hérons de toutes tailles et de toutes nuances, des pluviers, d'énormes pingoins se pavanaient à bonne portée de fusil. Mais pour la table, c'était surtout aux canards, gros canards à crête de Barbarie, petits canards à poitrail doré pêchant et volant par grandes bandes, innocentes sarcelles, petits grèbes au plumage pelucheux, que nous avions recours pour approvisionner notre cuisinier Samba.

En dehors de ces animaux, qui avec la chair de quelques antilopes constituaient la partie la plus brillante de nos menus journaliers, je puis citer, mais seulement à titre de curiosité culinaire, certains gibiers qui ont paru une fois en passant sur notre table, tels que le rat palmiste, qui n'est point du tout un rat, ressemble beaucoup plus à un écureuil et a le goût d'un jeune lapin, le singe qu'on tue aussi assez rarement et dont le gigot est passable. La tortue, qui jouit d'une grande réputation dans le monde des fins soupeurs, ne nous a pas donné grande satisfaction, soit que l'espèce à laquelle nous avions affaire, grosse tortue d'eau à carapace articulée formée par des écailles disposées comme des tuiles, animal de proie farouche et violent, ne fût pas d'une espèce comestible, soit que nous n'ayons pas su l'accommoder convenablement. La marmotte, dont j'avais conservé un détestable souvenir pour en avoir mangé autrefois dans les Alpes, habite les forêts du Borgou entre Gobo et Tchaki. Lorsqu'elle est poursuivie par un incendie allumé par les chasseurs, elle se hâte de fouiller le sol pour s'y terrer et dès qu'elle a pu se cacher la tête, elle attend patiemment ou que les chasseurs la prennent toute vivante ou que l'incendie la rôtisse. Dans les deux cas, elle fournit un gibier vraiment délicieux ; la chair en est grassouillette, dodue, ferme sans être coriace et très franche de goût. Elle rappelle la chair du chevreau, tout en étant beaucoup moins filandreuse que cette dernière.

Nous avons eu aussi la fantaisie de manger un gigot de panthère. Cet animal s'était mis à chasser des antilopes en même temps et sur la même ligne que deux de nos laptots qui, partis en maraude, s'étaient lancés sur la piste d'un troupeau. La panthère et les deux matelots étaient arrivés tout près de leur objectif, lorsque l'un des hommes, Bakari, en armant son fusil appela l'attention de la bête féroce; celle-ci estimant le voisinage dangereux chercha immédiatement à s'esquiver et passa devant le deuxième chasseur, Samba Amadi, qu'elle n'avait pas vu tout d'abord. Ce dernier, surpris et peut-être un peu effrayé, lâcha sur elle les trois coups dont son mousqueton était chargé; en même temps, Bakari Diemba, très bon tireur auquel la panthère tournait le dos et qui jouissait par suite un peu mieux de ses moyens, envoya trois autres balles à l'animal. Celui-ci ne s'en jeta pas moins sur Samba Amadi, auquel il attribuait tous ses désagréments. D'un coup de griffe, la panthère arracha la moitié du bois du mousqueton dont Samba cherchait à se couvrir la tête et d'un autre — ou peut-être du même — car Samba ne sut pas trop approfondir — elle lui rabattit la peau et la chair de l'épaule sur l'avant-bras. Le malheureux noir tout éclopé s'enfuit comme il put, et vint nous conter son histoire avec Bakari. Celui-ci insistait beaucoup sur le cas de légitime défense dans lequel il s'était trouvé, afin de n'être pas puni de prison pour être allé à la chasse sans permission. Il assurait d'ailleurs qu'il avait tué le *tigre*. Toute cette histoire nous parut d'autant plus invraisemblable qu'il n'existe pas de tigres en Afrique et que d'ailleurs nous n'avions pas vu encore de panthère. Mais, tigre ou panthère, il était certain que Samba venait de rencontrer un animal dangereux. Nous nous rendîmes sur les lieux et nous vîmes une superbe panthère ramassée sur elle-même et qui paraissait se préparer à bondir. Faut-il dire que l'un de nous la tira et que, comme elle était déjà tuée, il la retua? L'animal n'en fut pas moins transporté en triomphe et dépecé séance tenante. Le soir on nous en servit un gigot.

On nous accordera sans peine que nous étions, pour la plupart, dépourvus de préjugés culinaires. Néanmoins le préjugé général et absurde qui attribue à la chair des bêtes un goût en rapport avec le caractère de ces animaux fut assez fort pour empêcher l'un de nous d'en manger. Ce gigot *devait* sentir le sauvage. Cette idée est aussi logique que la crainte répandue chez les nourrices de donner à leurs enfants un caractère capricieux en leur faisant boire du lait de chèvre, ou que celle d'un homme qui s'attendrait à se voir pousser des cornes parce qu'il mange du filet de bœuf. En réalité, ce gigot de panthère n'avait aucune odeur de fauve, n'avait aucun goût sauvage, il se présentait dans l'assiette en superbes tranches blanches et dodues, tendre comme du veau de lait, ayant un goût intermédiaire entre celui du poulet et du lapin.

Les bêtes féroces. — Avoir parlé de la panthère à propos du gibier comestible nous amène tout naturellement à dire quelques mots des bêtes féroces. On a vu par l'accident de Samba Amadi que cette panthère, en l'attaquant, ne fit que se défendre. Toutes les autres bêtes que nous avons rencontrées nous ont paru avoir le même caractère débonnaire.

Ni les panthères, s'il en existe d'autres que celle que nous avons tuée, ni les hyènes qui sont assez nombreuses, ni les serpents, ni les crocodiles ne nous ont jamais inquiétés, et je ne crois pas m'avancer beaucoup en disant qu'à l'exception des animaux qui vivent dans l'eau ou près de l'eau, il n'existe pas beaucoup de bêtes féroces en dehors de la forêt équatoriale.

Il suffit pour s'en convaincre de se reporter

à ce que j'ai dit des incendies périodiques. S'il arrive à des colonnes militaires ou à des caravanes d'être enveloppées par les flammes, et cela a failli nous arriver — cela est arrivé à une colonne qui opérait non loin de nous — on conviendra que les animaux sauvages qui dorment en pleine brousse, doivent être fréquemment surpris par les flammes.

Si certaines espèces timides comme les antilopes se réunissent en troupeaux et organisent un service de veille, les grands carnassiers recherchent au contraire une solitude égoïste; de même, les serpents vivent rarement en compagnie. Ces animaux sont donc exposés chaque fois qu'ils s'endorment à se réveiller rôtis. Alors même qu'ils fuient devant l'incendie, il peut bien leur arriver, comme cela nous est arrivé à nous-mêmes, de se jeter sans s'en douter dans des sinuosités de la ligne des flammes et de se trouver ensuite cernés. En résumé et en réalité, je crois que le régime des incendies détruit à peu près tout ce qui n'est ni antilopes ni volatiles.

En ce qui concerne les serpents, pour lesquels on sait que le climat de l'Afrique occidentale est un climat béni, croirait-on que je n'en ai rencontré qu'un seul en allant du Dahomé au Niger? Or, j'ai marché à pied pendant cinquante jours, en tête de ma colonne, sur un sentier bordé de hautes herbes. En marchant dix fois moins de temps dans la forêt de Fontainebleau, j'ai rencontré plus de cinquante vipères.

On ne trouve non plus que fort peu de petits rats, de mulots, de souris des champs, toutes malheureuses bestioles qui fuient bien devant l'incendie, mais succombent presque toujours au double danger qui résulte pour elles de la flamme d'un côté et des oiseaux de proie de l'autre.

Ces oiseaux sont à la fois les principaux bénéficiaires et les révélateurs des incendies, car même si on n'entend pas le crépitement des paillotes en ignition, même si l'herbe bien sèche ne fait pas de fumée, si l'œil aveuglé par le resplendissement solaire n'aperçoit pas les flammes qui ne sont, d'ailleurs, guère apparentes en plein jour, c'est par le vol des oiseaux devançant de quelques mètres la ligne de feu que l'on est averti de la présence et de la forme de celle-ci.

Ces rapaces fondent surtout sur les animaux inférieurs qui, chassés de leur repaire habituel, s'enfuient éperdus. Les petits rongeurs et les reptiles sont alors leurs victimes habituelles.

Sans être précisément des bêtes féroces, les oiseaux de proie méritent donc aussi qu'on parle d'eux.

En première ligne, vient le *vautour*, véritable oiseau de proie domestiqué, chargé ou qui se charge d'enlever tout ce qui traîne dans les villages ou près des villages; il fait en quelques heures place nette de toutes les ordures que l'on dépose autour d'un camp. Aussi ce rôle de cantonnier chargé de la propreté de la voirie confère-t-il au vautour une sorte de fonction, presque de sacerdoce, qui fait que, quelle que soit la religion des noirs d'un pays, les lois ou les mœurs de ce pays protègent le vautour comme un animal à demi sacré.

Peu de temps avant d'arriver à Yaouri, j'avais, dans la demi-obscurité du crépuscule, confondu un vautour avec un milan et je l'avais jeté par terre d'un coup de fusil. Tous les noirs qui m'accompagnaient furent consternés de cet accident après lequel ils jugeaient que ma bonne étoile devait forcément disparaître. Si j'avais eu à les mener au feu dans des circonstances tant soit peu critiques, avant que cette impression fût disparue de leur esprit, ils eussent été accessibles aux terreurs les plus folles.

Les *milans* sont très nombreux dans le Dahomé et jusqu'au Niger. Ils sont de la taille d'un fort poulet et mesurent un mètre à un mètre dix d'envergure. Ce sont d'effrontés pillards et maintes fois, notre cuisinier, qui se contentait de lier les pattes à un poulet pour le conserver près de sa caisse en attendant l'heure de lui couper le cou, vit notre futur rôti emporté à son nez et à sa barbe par un des nombreux milans qui voltigeaient toujours autour du camp.

Nous étions souvent obligés d'en tirer deux ou trois pour faire fuir les autres. Bien que leur chair dût être très coriace, nos victimes étaient très recherchées par les Dahoméens, qui les coupaient en tout petits morceaux et se faisaient un vrai régal d'un pareil salmis.

Après les vautours et les milans, mais en bien plus grand nombre, de fort jolis oiseaux de proie dont j'ignore le nom voltigent sans cesse sur les bords du Niger moyen. Ils ont la queue longue et fourchue comme l'hirondelle, ils ont aussi le même vol léger et rapide que cette dernière, mais au lieu d'être noirs, ils portent aux ailes et à la queue les couleurs les plus éclatantes.

A l'inverse des autres oiseaux de proie, ces petits rapaces (qui ne sont guère plus gros qu'une tourterelle) se réunissent en grandes bandes et ce sont eux surtout qui chassent, comme je le disais tout à l'heure, les petits animaux en avant des lignes d'incendie.

Ces oiseaux déposent leurs œufs dans les berges du Niger où j'ai trouvé des centaines de nids accumulés sur un espace d'une quarantaine de mètres carrés. Les galeries souterraines dans lesquelles ils s'installent ont deux issues, l'une dans le talus de la berge, l'autre dans le sol de la prairie qui borde le fleuve.

Si ces petits oiseaux poursuivent les petits reptiles chassés par le feu, du moins les gros serpents prennent dans leurs nids une éclatante revanche, car tout autour de l'agglomération des nids dont je viens de parler, l'herbe était sillonnée de véritables routes de serpents aboutissant aux ouvertures supérieures des galeries.

Lorsqu'un de ces visiteurs importuns se présentait, nous assistions à une véritable levée de boucliers de toute cette gent ailée. Ils obscurcissaient l'air de leurs ailes et nous assourdissaient de leurs cris, mais j'imagine que le serpent, une fois entré dans leur terrier, devait peu se soucier de ce tapage et pouvait tranquillement se livrer à ses déprédations.

Beaucoup moins jolis assurément que ces petits rapaces, repoussants même, sont les *vampires*. Nous en avons rencontré aux environs d'Allada, empilés sur un arbre immense en tel nombre qu'ils paraissaient devoir le faire craquer. Leurs ailes membraneuses et couvertes de longs poils glissaient sans bruit dans l'espace, contribuant à donner à ce malheureux volatile sans plumes l'air d'un oiseau honteux, conscient de sa turpitude et de la répulsion qu'il inspire. Nous n'en avons pas trouvé ailleurs qu'à Allada; mais un autre oiseau que nous avons tué au nord de Savé et qui est aussi un oiseau crépusculaire, mérite une mention spéciale pour la bizarrerie de son plumage. Sa queue est en effet formée ou prolongée par deux plumes qui s'écartent à angle droit, font un coude à droite et à gauche et ne portent de pennes qu'à l'extrémité de leur nervure située à plus de trente centimètres du corps de l'oiseau. M. de Pas en avait empaillé un qui fut noyé plus tard avec les bagages de mes officiers, lors d'un naufrage qu'ils éprouvèrent dans les eaux anglaises du Niger.

Si la pénurie d'animaux dans l'hinterland dahoméen est due au régime des incendies, il va de soi que les hôtes aquatiques du Niger ou de la vallée échappent à cette cause de destruction. Aussi les rives du fleuve sont-elles très habitées. Les plantes sont toujours vertes le long des petits ruisseaux qui se jettent dans le fleuve et des animaux de toutes sortes peuvent y pulluler à l'abri de l'incendie. C'est là, par exemple, que nous avons tué le plus énorme sanglier que j'aie vu de ma vie.

On sait qu'il existe aux aiguades une sorte d'ordre de préséance pour les animaux qui viennent s'y désaltérer. L'antilope attend par exemple que la hyène et les félins aient passé devant elle, et les félins se succèdent suivant la longueur des crocs, les seigneurs d'importance passant les premiers; seul le sanglier a la réputation de ne tenir aucun compte de ces préoccupations hiérarchiques; il arrive à l'heure qui lui convient, grognant à tout propos, coudoyant ou bousculant quiconque embarrasse son chemin.

Le fait est que le ragot, dont les défenses me servent aujourd'hui de portemanteaux et forment un arc de 19 centimètres de diamètre, pouvait se croire dispensé de toute circonspection. Il avait la peau recouverte d'un feutre de trois à quatre centimètres d'épaisseur formé par des soies embroussaillées, mastiquées de crasse, de sueur et de boue, et, derrière cette cuirasse, sa couenne défiait les atteintes de la griffe de la panthère. Fort de ce revêtement qui répandait d'ailleurs une odeur empestée, l'animal qui mesurait plus de 1 m. 20 de haut s'arrêta sans défiance à deux pas du canon d'un fusil Gras et tomba foudroyé comme une caille ou un lapin.

L'*hippopotame*, qui passe toute sa journée dans l'eau et qui ne circule la nuit pour pâturer que dans des fonds de vallée vaseux et herbeux, n'a, bien entendu, rien à craindre de l'incendie; aussi peuple-t-il la rivière et ses bords. Il se baigne isolé ou en troupeaux de cinq à six têtes, assez curieux pour nager vers les embarcations qui remontent le fleuve, assez sauvage aussi pour ne pas s'en approcher de trop près. Il serait complètement inoffensif si l'on n'était pas exposé à aborder accidentellement quelque poulain prenant ses ébats dans l'eau. Quiconque s'est avisé sans mauvaise pensée de troubler les poussins d'une poule sait que cette dernière, qui est pourtant la bête la plus débonnaire du monde, peut perdre la tête au point de devenir dangereuse. La femelle de l'hippopotame aurait parfois de ces élans de fureur maternelle. Comme c'est un animal énorme, gros comme deux ou trois de nos chevaux, comme il se meut dans l'eau avec une étonnante rapidité, on comprend combien il peut être dangereux pour des embarcations fragiles comme celles qui circulent sur le Niger. Nos bateliers, qui étaient au courant de ces mœurs, paraissaient éviter avec une attention scrupuleuse tout ce qui eût pu offenser ou effrayer les jeunes hippopotames amenés au bain par leurs mères.

Les *crocodiles* sont, avec l'hippopotame, les hôtes dont le batelier du Niger se préoccupe le plus souvent. Ces sauriens ont une réputation que Mungo Park et Barth ont répandue dans toute l'Europe.

Le Niger s'appelle le fleuve des crocodiles. Le roi de Boussa, qui a fait sculpter sur les portes de son habitation les armes de son royaume, a choisi précisément comme emblème l'hippopotame et le crocodile. Barth signale les crocodiles du Niger comme les plus grands qui existent au monde. Quelques-uns, dit-il, mesurent plus de six mètres de long. Il ajoute d'ailleurs très honnêtement qu'il n'en a point vu.

Quant à moi, je n'ai vu de crocodiles d'un peu près qu'au Jardin des Plantes et sur les bords de la lagune de Porto-Novo, où ils dorment la bouche ouverte, tendant leurs mâchoires aux becs des petits oiseaux qui paraissent trouver leur nourriture dans les détritus de toutes sortes dont elles sont empestées.

En revanche, tout le long du Niger, j'ai vu sur le sable des traces innombrables de crocodiles; parfois un remous des eaux m'annonçait qu'un de ces animaux plongeait dans le fleuve; de loin, mais de très loin, les bateliers m'en ont signalé deux ou trois qui se laissaient flotter à la dérive et apparaissaient vaguement comme des troncs d'arbres.

Ces animaux, contrairement à une opinion que je dois croire encore un préjugé, ne sont nullement agressifs. Les hommes qui manœuvraient mes embarcations tombaient dans le Niger à chaque instant. Moi-même je m'y baignais très régulièrement ; la remontée des rapides de Boussa exigeait que mes matelots ou même les habitants des rives se missent à l'eau pour haler des câbles ou pour amarrer des cordelles à des pointes de rochers situés au milieu du courant; au total, j'ai passé ou vu passer sous mes yeux plus de dix mille journées d'homme dans l'eau du fleuve. Or, non seulement aucun de mes hommes n'a été mangé par les caïmans, mais aucun d'eux n'a été mordu, ni même menacé d'être mordu. Plus de cent jours de suite, nous nous sommes étendus chaque soir à même le sol sur les berges du fleuve, nous avons laissé attachés autour de nous les animaux les plus divers (poulets, canards, chèvres, moutons), jamais un crocodile ne nous a inquiétés, jamais un des animaux qui vivaient autour de nous n'a été ni enlevé, ni mordu.

Les frères Lander signalent chez les riverains du Niger l'usage où ils seraient de surélever sur des pierres placées de champ le sol de leurs demeures; ils attribuent cet usage à la pensée qu'auraient les indigènes de se soustraire aux attaques des caïmans. Je n'ai constaté de maisons ainsi surélevées qu'à Guiziman ou dans d'autres parties de la vallée qui m'ont paru susceptibles d'être inondées. Lorsque je leur ai demandé les raisons de cette précaution, les Baribas m'ont répondu qu'ils voulaient élever le sol de leurs maisons au-dessus du niveau où l'eau monte dans les crues les plus habituelles. Il suffit pour cela de s'élever, comme ils le font, d'un ou de deux pieds au-dessus du sol de la vallée, car si le Niger monte de 8 à 9 mètres dans son lit, il cesse de croître en hauteur dès que son niveau atteint le plan de la vallée et qu'il peut alors s'étendre sur des espaces atteignant ou dépassant 40 kilomètres. Les gens de Guiziman, de Goundoukavay et autres lieux obtiennent donc à peu de frais de rester à sec dans leurs habitations, et je n'ai pas pu recueillir d'indications sur la part qui reviendrait à la crainte des crocodiles dans cette disposition architecturale.

On m'a raconté qu'à Madagascar nos soldats étaient souvent saisis au passage des marigots par les caïmans cachés dans la vase. De même Mungo-Park cite son interprète, le juif Isaac, comme ayant été saisi par un crocodile au passage d'un ruisseau. Isaac, dit-il, savait que la seule manière de faire lâcher prise à l'animal était de lui enfoncer un doigt dans l'œil. Il se conforma aussitôt à cette indication, mais le saurien, particulièrement obstiné, n'eut pas plutôt lâché la jambe droite qu'il saisit à pleines dents la jambe gauche d'Isaac. Alors celui-ci de répéter avec la main gauche dans l'œil gauche du crocodile ce qui lui avait si bien réussi du côté droit. Mungo-Park, en racontant cette anecdote, qui s'est passée tout entière sous ses yeux, mais aussi dans l'eau trouble, ajoute que, pour agir ainsi, il est nécessaire de disposer de beaucoup de sang-froid.

On comprendra que, mis en goût par le récit de pareilles aventures, nous nous soyons attendus à des combats journaliers et corps à corps avec des crocodiles. Il m'a paru bon de faire mesurer dans toute son horreur l'étendue de notre déception.

S'il n'y a pas de *serpents* entre le Dahomé et le Niger, du moins on en trouve assez souvent dans la vallée. Maintes fois nos hommes m'en ont signalé dans les arbres surplombant le fleuve; de tout petits, très venimeux, paraît-il, et qui s'étaient glissés sur des branches horizontales pour y manger de petits oiseaux dans leur nid. A Arenberg même l'un d'eux m'est tombé sur la tête un jour que, m'occupant avec Soliman et le charpentier, de boucher les fentes de notre bateau, nous avions agité avec le sommet de notre mât l'arbre où le petit reptile était en chasse. J'en ai croisé un autre, mais d'une espèce beaucoup plus grande (5 à 6 mètres de long et gros en proportion), qui, pourchassé par moi d'abord sur la rive gauche, par mes bateliers sur la rive droite, épuisé d'avoir ainsi traversé trois fois le fleuve, finit par nous échapper grâce à notre maladresse.

Même dans la vallée, ces reptiles sont beaucoup moins indiscrets que leurs congénères de l'Annam, qui se glissaient à tous propos dans mes couvertures. Ceux du Niger, infiniment moins nombreux d'ailleurs, ne nous ont jamais causé ni accidents, ni même désagrément.

Il n'en est pas de même de certains insectes, parmi lesquels je citerai le *scorpion*, la *chique* et le *moustique*. Il n'y a pas beaucoup de scorpions; je n'ai eu dans tout le cours de mon voyage qu'un seul homme piqué par un de ces insectes. Le Dahoméen nous réveilla en poussant des cris épouvantables, qui firent tirer des coups de fusil aux factionnaires et faillirent ainsi allumer la guerre entre les indigènes et nous. A part cette conséquence qui eût pu être fâcheuse, le brave petit Hougno ne nous donna pas longtemps d'inquiétude, et dès le lendemain à midi le membre piqué commença à se dégonfler.

Les *chiques* sont plus désagréables. Ce sont de tout petits animaux qui ont la dimension et les mœurs de l'acarus de la gale. Elles vivent dans le sable et lorsqu'on marche nu-pieds ou avec des souliers découverts, lorsqu'on ramasse des bagages placés sur le sable, elles s'attachent à la peau des pieds ou des mains, pénètrent sous l'épiderme et là se livrent à une débauche de reproduction qui dépose entre cuir et chair, en moins de quarante-huit heures, des myriades de jeunes insectes.

Le danger de la chique, c'est qu'elle n'est douloureuse qu'au moment où elle traverse l'épiderme. A cet instant seulement le coup de vilebrequin au moyen duquel elle nous transperce la peau produit une vive démangeaison. Mais en cours d'expédition on n'en est pas, hélas! à une démangeaison près, et s'il fallait se déchausser ou se déshabiller pour examiner tous les endroits de la peau qui souffrent d'une cuisson quelconque, on passerait son temps à ces occupations de toilette. Le plus souvent donc la chique s'installe sous la peau sans qu'on s'en doute et dépose dans son nid des petits qui en déposent d'autres. L'ensemble fournit au bout de vingt-quatre heures une petite tumeur sous-cutanée, grosse comme un pois, formée d'une sérosité blanchâtre qui n'est autre chose qu'une énorme quantité de petites chiques accumulées. On n'a qu'à l'enlever, à laver la petite plaie qui en résulte avec un désinfectant. Toutefois la peau est enlevée, la chair reste donc à vif et profondément creusée.

Il en résulte une blessure insignifiante, mais qui guérit assez lentement.

Si, comme il arrive fréquemment aux militaires, un service de nuit les a empêchés de se déchausser, la chique reste quarante-huit heures sans être dérangée, et dès lors ses ravages prennent des proportions inquiétantes. On perd un petit globe de chair gros comme une noisette et il reste une plaie plus large qu'une pièce de vingt sous qui nécessite des soins attentifs.

La chique ne nous a plus tourmentés à partir du 9º degré.

Mais les *moustiques* se sont chargés de nous fournir une ample compensation. Bien plus que les panthères, bien plus que les crocodiles, bien plus que les serpents, le moustique est redoutable pour le voyageur des bords du Niger. Dans tous les endroits où l'eau n'a pas un courant très vif, partout où l'on couche dans le voisinage des joncs — et tel a toujours été notre cas, — les moustiques rendent les nuits insupportables. Ils sont d'autant plus à craindre qu'ils sont plus petits, qu'ils traversent les mailles de la moustiquaire la plus épaisse, qu'ils s'infiltrent dans la moindre ouverture de la chemise ou du pantalon. Dans certains cas, où l'on n'a pas pris les précautions nécessaires pour s'en garantir au moins partiellement, leurs piqûres constituent un véritable danger pour l'Européen. A Ouara, par exemple, où j'avais couché dans mon bateau, où les joncs balancés par un vent léger venaient secouer les moustiques jusque dans la paillotte de l'embarcation et où il régnait un certain calme sous cette paillotte rangée en travers du vent, les moustiques trouvèrent une fissure pour pénétrer jusqu'à ma peau et je comptai le lendemain plus de 200 piqûres. Cela suffirait pour rendre malade, mais beaucoup de bons esprits soupçonnent en outre le moustique d'inoculer par son dard le virus de la fièvre paludéenne.

Il est certain, en ce qui me concerne, que je n'ai eu la fièvre que cinq mois après mon départ de la côte, que je n'ai jamais bu que de l'eau bouillie, incapable de m'empoisonner, et que je ne suis tombé malade que lorsque les attaques des moustiques ont pris les proportions que je viens de signaler. J'accuse donc le moustique d'être en partie l'agent propagateur de la fièvre; la présence d'un agent antiseptique, l'acide formique, dans le venin spécial au moustique, ne me paraît pas une raison suffisante pour combattre victorieusement toutes celles qui incriminent cet insecte.

Puisque nous avons rappelé que la *gale* aussi est un insecte, mentionnons pour mémoire que nous avons eu la gale; mais ce n'est pas là une affection particulière au Dahomé ni à son hinterland, et elle n'y prend pas un caractère différent de celui qu'elle a dans nos pays. Elle se traite de la même façon et la pommade soufrée en a facilement raison. L'essentiel est d'avoir de cette pommade, car on pense bien qu'il n'est pas facile d'en trouver sur les marchés de l'Afrique occidentale.

CHAPITRE IV

L'habitation. — L'homme. — La femme. — Les domestiques.

Il serait assurément très prétentieux de parler d'architecture à propos des cabanes où s'abritent les populations vivant entre le 4° et le 14° parallèle. Mais la manière dont ces cabanes sont construites varie suffisamment, soit avec les besoins de ces populations, soit avec les moyens dont elles disposent, pour qu'on puisse découvrir des règles logiques présidant à toutes ces petites constructions.

Au Dahomé, tout près de la côte, il ne fait jamais froid, on n'a donc pas besoin de demeures closes. D'autre part les matériaux de construction, les bois pour la charpente, les grandes feuilles ou les pailles pour la toiture, sont en abondance et de belle venue. Aussi les cases dahoméennes sont-elles fort régulières et à peu près aussi confortables que peut l'être une maison construite dans un pays où il n'y a ni pierre ni chaux. Le type le plus répandu est celui d'une maison d'Agrimé, entre Abomé et Allada, et dont j'ai conservé le croquis.

Le plan en est rectangulaire, un petit mur en terre de Barre délayée et pétrie fait le tour des quatre pans laissant seulement libre une porte au milieu du plus grand côté. Ce mur a 35 centimètres d'épaisseur et s'élève à environ 1 m. 20 de hauteur.

Au-dessus de ce rectangle est une toiture en paillotte montée sur poteaux en troncs d'arbres et à quatre égouts; ces égouts descendent à environ 1 m. 10 du sol, de façon par conséquent à intercepter la vue et la réverbération du soleil aux habitants placés derrière le petit mur. Ceux-ci peuvent cependant se rendre compte des mouvements d'hommes ou d'animaux qui se passent dans un rayon très rapproché autour de leur case. Ils peuvent aussi, quand ils se tiennent debout ou même assis, recevoir sur la tête et sur les épaules un peu de la brise qui

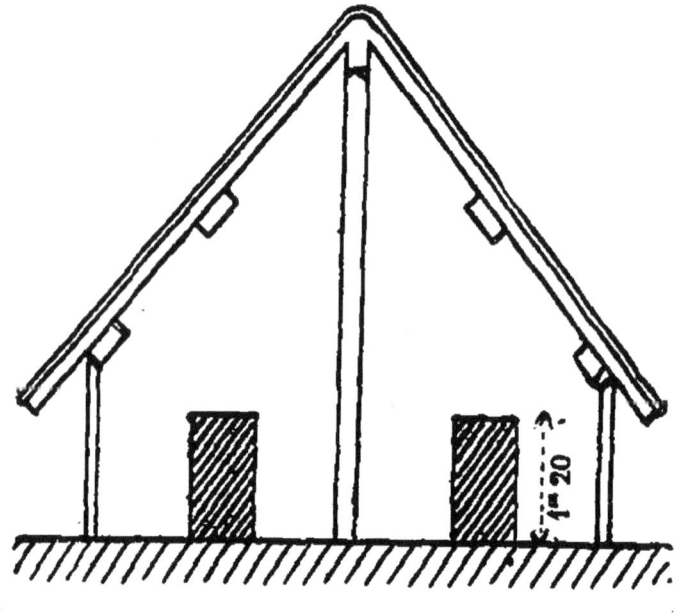

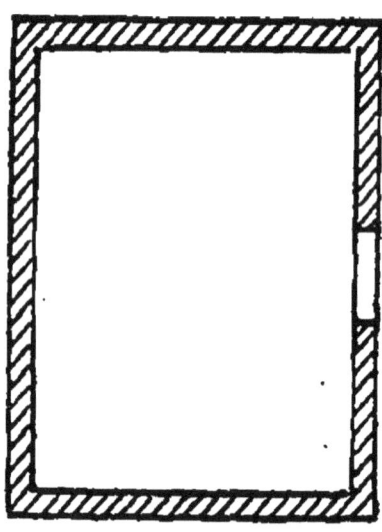

Fig. 2.

circule entre le toit et le mur, car il y a environ un mètre d'espace libre au-dessus de ce mur. Ils n'ont, pour se mettre à l'abri de tout courant d'air et des vues de quiconque se tient en dehors du toit qu'à s'allonger, soit sur le sol bien damé de cette petite case, soit sur un amas de feuilles de maïs.

Les dimensions intérieures du rectangle sont trois et cinq mètres. Le sommet du toit est à cinq mètres au-dessus du sol. La toiture est parfaitement dressée au moyen de chevrons faits avec les nervures d'un palmier qui croît dans les marécages et qu'on appelle vulgairement du bambou. Il m'échappera parfois peut-être, comme à tout le monde, d'employer cette expression qui est tout ce qu'il y a de plus impropre; la seule ressemblance que cette nervure ait avec le bambou, c'est qu'elle pousse droit et que le bambou pousse également droit; mais le bambou est un grand roseau compartimenté par des nœuds qui le séparent en cellules d'un volume variable entre 20 centilitres et deux litres, tandis que la nervure n'a pas le moindre nœud; elle n'est pas creuse, et, au lieu d'avoir une section circulaire, elle en a une demi-circulaire. Cette remarque faite, nous rencontrerons jusqu'au nord d'Ilo de grandes perches de 7 à 8 mètres faites avec ces nervures et nous appellerons, comme tout le monde, ces perches des bambous.

En dehors de ce modèle de case, les Dahoméens construisent aussi de petites guérites cylindriques coiffées d'un cône en paille où ils mettent tantôt du grain, tantôt des fétiches.

L'*apatam* est une construction qu'on trouve du 6° au 9° degré et qui se compose uniquement d'un toit à quatre égouts monté sur poteaux. Presque tous les villages ont un apatam dont les dimensions varient entre 6 et 16 mètres de long. Cet abri sert pour les réunions; on y héberge parfois les voyageurs de marque, dont nous étions, et qui redoutent surtout de sentir le renfermé. La plupart des villages dahoméens et mahis contiennent des cases et des apatams du modèle régulier dont je viens de parler.

Le type de la belle habitation *nagote* est la maison du roi de Kitchi qui, sans être compliquée comme le palais du roi de Tchaki, donne assez bien une idée de tous les genres de confort que recherchent les gens aisés du haut Yorouba.

Le corps principal du logis, qui est rectangulaire, est précédé d'une grande cour carrée bordée d'auvents sous lesquels les serviteurs ou les visiteurs peuvent s'asseoir à l'ombre. Le bâtiment donne lui-même, en prolongeant l'égout de son toit jusqu'à un mètre du sol, une galerie ombreuse et sombre de trois à quatre mètres de large, sous laquelle se tiennent assez souvent le maître de la maison et ses intimes. Mais les appartements privés se composent de cellules absolùment obscures de trois à quatre mètres de côté, cloisonnées par des murs en terre de Barre et munies d'une seule ouverture carrée, porte ou fenêtre de 80 centimètres environ de côté, donnant sur une galerie couverte par les égouts du toit.

Une des cours intérieures du roi de Kitchi, par exemple, est donc entourée de deux murs en terre de Barre, laissant entre eux l'espace nécessaire aux cellules et coiffés d'un toit à deux égouts qui descend depuis 10 mètres de haut jusqu'à un mètre du sol. Si les murs qui entourent la cour enceignent un carré de 12 mètres de côté, on voit que les égouts des toits viendront presque se réunir au centre de la cour où il n'y aura plus qu'un petit carré de trois mètres de côté, à peu près, pour recevoir directement l'air et le soleil. Ces longs égouts,

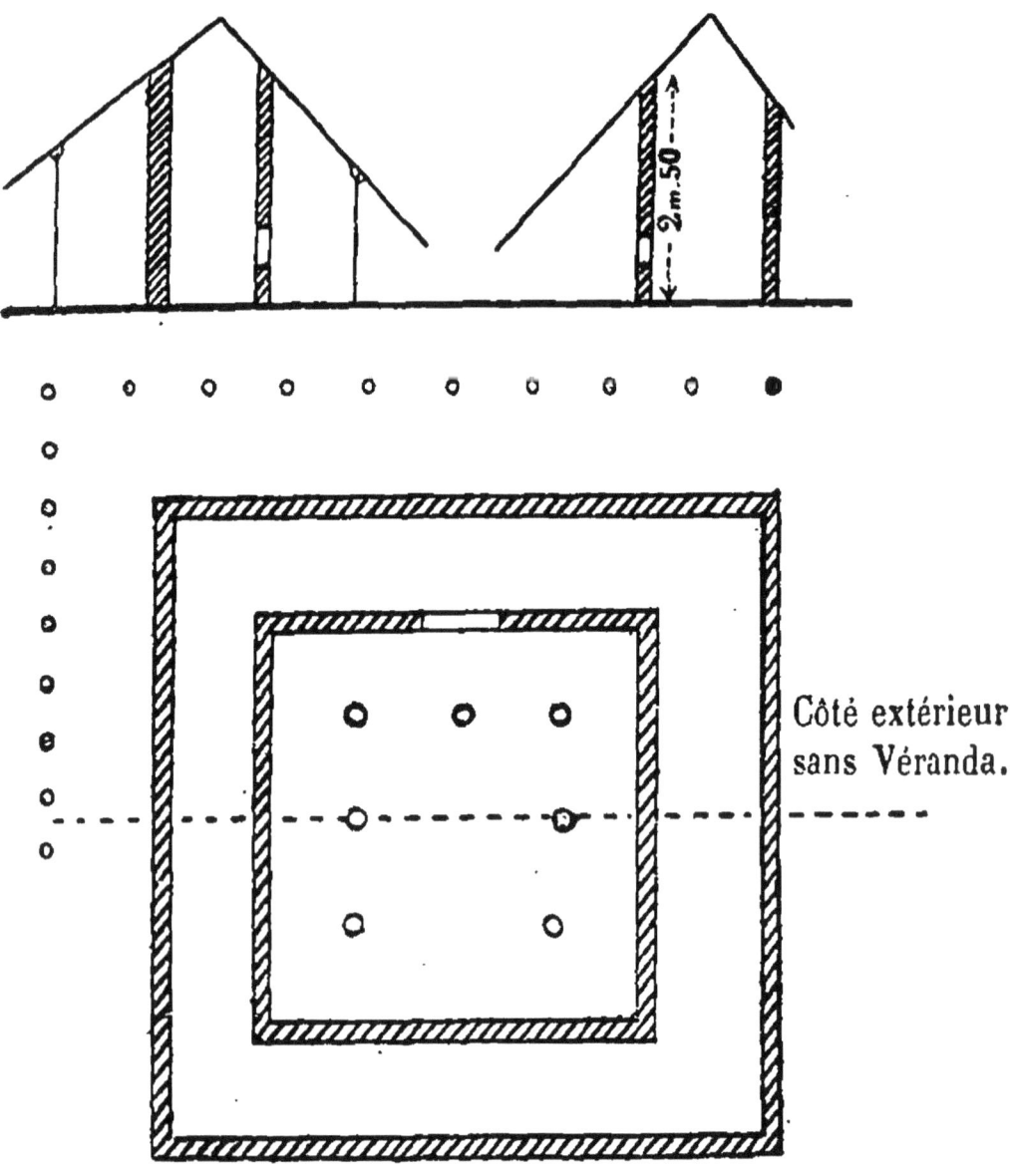

Fig. 3.

très bien dressés au moyen du bambou dont j'ai parlé, ne peuvent pas s'appuyer seulement sur le faîtage central et sur les deux murailles si rapprochées l'une de l'autre qui lui sont parallèles. Ils sont réunis et soutenus à deux mètres du sol par une panne portée elle-même par des poteaux qui circulent tout le long des galeries.

A cette panne on suspend des écrans qu'on peut écarter à volonté suivant qu'on redoute toute réverbération solaire ou qu'on recherche un peu d'air et de lumière. Les croquis ci-dessus rendent compte dans leurs parties essentielles des dispositions dont on vient de parler.

Le plus souvent les Nagos se tiennent sous leurs galeries, soit sous les galeries extérieures lorsqu'ils veulent causer avec leurs amis ou tenir des conversations demi-publiques, soit sous la galerie intérieure lorsqu'ils sont avec leurs femmes ou lorsqu'ils tiennent à n'être point dérangés par des importuns au cours de leur entretien; enfin, quand un Nago de qualité veut, comme nous disons dans l'armée, conserver ses distances, il se cantonne dans une de ses cellules, ne laisse apparaître que la tête et les épaules à la fenêtre, et de cette position privilégiée donne ou refuse audience à tout venant, fait ses aumônes ou reçoit des présents et de l'argent. Les Nagos passent fréquemment la nuit, surtout l'hiver, dans ces cellules où ils emmagasinent, dans les plus invraisemblables cachettes, les pagnes, les tissus de toutes sortes, les cauris, l'argent et tout ce qui constitue la richesse mobilière.

Quittant le pays nago, nous trouvons les habitations *baribas* aussi différentes de celles du Yorouba qu'un lancier du Borgou diffère d'un tisserand de Tchaki.

Au nord de la Moursa, toutes les

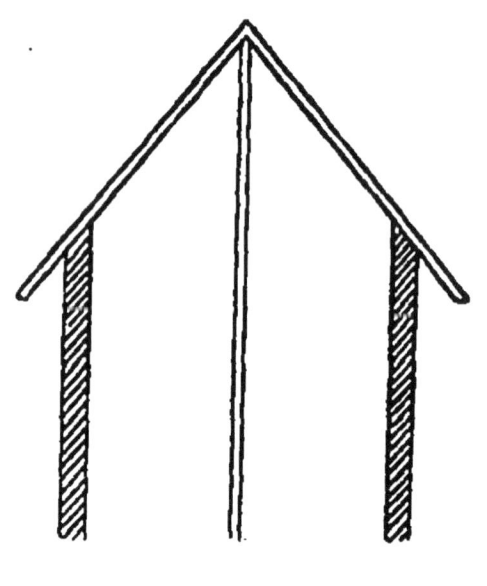

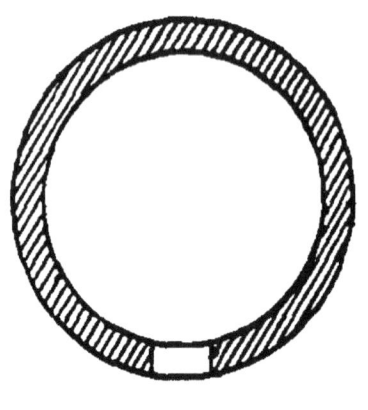

Fig. 1.

habitations sont de petits pavillons cylindriques en terre coiffés d'un cône en paillottes. C'est encore le bambou qui fournit le chevronnage de ce cône. Ces petits pavillons ont de 3 m. 50 à 4 mètres de diamètre, la pointe de leur toit s'élève à 4 ou 5 mètres du sol. Un Bariba pauvre a une ou deux de ces petites guérites, un riche en a quinze ou vingt, plus ou moins entourées par des palissades, plus ou moins agrémentées de marquises en nattes installées au-dessus de couloirs. C'est dans ces couloirs qu'on s'installe pour prendre le frais, jouer aux dés ou causer des affaires publiques, voire, tout comme chez nous, des potins. Ce genre de construction va rester le même depuis la Moursa jusqu'à Bikini, c'est-à-dire jusqu'à la zone demi-déserte au-dessous de Saye où Amadou et Alibouri ont rasé toute habitation.

Lorsque, après cette marche désolée, on retrouve des maisons, celles-ci ont changé de caractère. L'abri le plus ordinaire a encore un toit conique, ou plutôt en forme de dôme, mais il y a dessous une espèce de berceau qui forme comme une deuxième toiture au-dessus du lit. Celui-ci se compose de baguettes reliées par des cordes sur lesquelles on est assez bien isolé du sol. Cette superposition de toitures, dont le moindre défaut est de produire une sensation d'étouffement chez les Européens, n'est pas seulement due, me semble-t-il, à ce que la saison des pluies sévit en rafales plus violentes à mesure que l'on se rapproche du tropique. Non seulement la pluie est plus à craindre, mais le toit supérieur est beaucoup plus mal fait que dans le Borgou. Le bambou (le faux bambou) ne pousse plus aux environs de Saye, la végétation qui ne produit plus que des sujets maigres ou rachitiques ne fournit pas les éléments d'une bonne charpente, et ce n'est qu'au moyen d'expédients que les indigènes, depuis Zinder jusqu'à Kirotachi, parviennent à donner une ossature à leurs cases.

Voici le plus employé de ces expédients : il consiste à prendre plusieurs perches grosses comme le pouce, toutes tordues et difformes comme elles poussent dans le pays, et à ficeler toutes ces perches tordues de façon à avoir un petit fagot gros comme le bras dans lequel les difformités des perches se contrarient. Grâce à cet artifice dont le résultat est de donner un ensemble rectiligne composé d'éléments plus ou moins contournés, on obtient ainsi un chevron peu solide et peu élégant, mais dont on se contente, faute de mieux. Une trentaine de chevrons semblables ayant chacun 4 à 5 mètres de long sont attachés ensemble à l'une de leurs extrémités au sommet d'un piquet qui forme l'axe de la case; ils sont ensuite courbés de

Fig. 5.

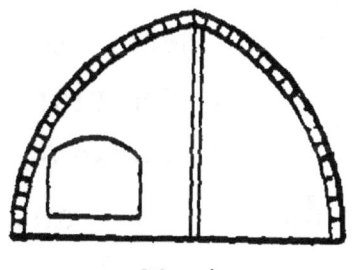

Fig. 6.

façon à former à peu près un dôme et s'enfoncent en terre à l'autre extrémité. On relie tous ces arcs avec des cordelettes et on place des paillottes sur la cage ainsi formée. On comprend qu'un tel dôme laisse passer facilement la pluie torrentielle qui tombe en été. Nous en avons fait personnellement, et plusieurs fois, l'expérience et nous avons pu apprécier par suite l'intérêt que présente le double toit placé au-dessus du lit.

Les *Peuhls* que l'on rencontre épars depuis le 8ᵉ parallèle jusqu'au 14ᵉ et qui deviennent de plus en plus nombreux à mesure qu'on monte vers le nord, se contentent généralement de couvrir une très légère charpente avec des nattes. C'est que ces pasteurs, qui vivent le plus souvent au milieu de leurs troupeaux, ont souvent par cela même besoin de changer fréquemment de place, soit que le pâturage se soit épuisé, soit qu'il faille chercher des points d'eau pendant la saison sèche, ou des terrains plus sains pendant celle des pluies, soit enfin qu'il faille fuir les amas de bouse de vache qu'un trop long séjour du troupeau autour de leur case ne manque pas d'accumuler.

Moins sédentaires encore sont les *Touareg*, qui habitent de véritables tentes formées de peaux soutenues par des perches grossières et irrégulières. Leurs tentes ainsi disposées ont tout à fait la physionomie des tentes noires des indigènes tunisiens, qui ne disposent pas d'ailleurs pour les dresser de bois plus élégants que ceux des Touareg.

En dehors des habitations, il faut mentionner les formes des greniers où l'on emmagasine le mil. Dans l'Yorouba, ces greniers sont de grands pots en argile d'un mètre cinquante à deux mètres de haut et d'un mètre cinquante de diamètre environ. Ils sont montés sur quatre pilastres également en argile et coiffés d'un chapeau conique en paille. Dans la région comprise

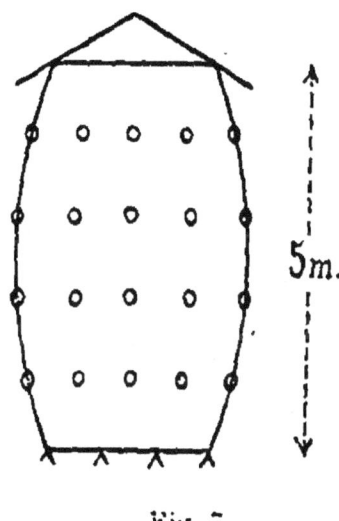

Fig. 7.

entre Saye et Zinder, où l'on récolte des quantités énormes de grains, ces récipients prennent l'importance de véritables constructions. Il en est qui dépassent 5 à 6 mètres de haut; ils affectent la forme générale d'une potiche dont on aurait supprimé le col pour le remplacer par un couvercle; les parois sont en terre et portent de place en place des couronnes de pierres saillantes destinées (à ce qu'on m'a dit, mais je n'ai pas pu le contrôler) à supporter sur divers étages les épis de mil. Sans cet isolement des couches, les épis empilés directement les uns sur les autres auraient, paraît-il, une tendance à s'échauffer.

L'homme, la femme. — Nous venons de voir le cadre, nature, climat, habitation où vit et se meut l'homme de l'Afrique occidentale. Nous avons vu que ses demeures sont subordonnées, comme confort et comme dimensions générales, aux ressources que lui fournit sur place la végétation et aux besoins résultant du climat. Partout nous avons constaté l'absence de monuments tant soit peu grandioses ou même simplement durables. En peut-il être autrement dans un pays où il n'y a pas de chaux ni de matières propres à fabriquer de la chaux? Est-ce cette impossibilité de créer des demeures solides, capables de défier pour longtemps les injures des saisons et de la durée? Est-ce d'autres causes que nous examinerons tout à l'heure? Toujours est-il que l'homme noir n'a pas atteint dans ses agglomérations des perfectionnements analogues à ceux qu'ont accomplis les autres races, blanche, jaune ou rouge, en

Europe, en Asie ou sur les plateaux du Mexique. Toutefois, ce serait se tromper grossièrement que de traiter de sauvages tous les gens avec qui nous avons été en rapport. Dans leur ensemble, ils ne sont ni stupides, ni dépravés, ni rebelles à l'idée de société, d'organisation hiérarchique ou simplement nationale. Ce dont il faut s'étonner, c'est qu'avec l'intelligence, l'esprit de travail, de gouvernement, ou d'obéissance dont ils font preuve, ils ne soient pas arrivés à un développement plus rapproché de la civilisation européenne. Il faudra rechercher si ces causes sont inhérentes à leurs races, ou si elles ont été accidentelles et si par conséquent leurs races sont perfectibles. Nous allons, en attendant, chercher à définir les caractères principaux de chacune d'elles.

J'ai déjà signalé dans mon récit de voyage [1] le caractère propre à tous les noirs qui habitent le voisinage de la côte. Il est le même, quelle que soit la race particulière de ces indigènes. C'est une dépravation spéciale, résultant surtout d'un certain désordre économique et du

---

1. *Dahomé, Niger, Touareg*, chez A. Colin et Cⁱᵉ, 1897.

bouleversement presque continu qu'amène dans les relations d'individu à individu l'introduction de causes de fortune ou de pauvreté tout à fait étrangères au mérite et aux efforts des intéressés.

Nous ne reviendrons donc pas sur le monde noir de la côte. Les *Dahoméens*, j'entends par là ceux d'Abomé, ont échappé un peu à cette contagion. Ils sont vigoureux, suffisamment laborieux, très capables de discipline et admettent toute une hiérarchie qui a été susceptible de donner à leur peuple une organisation très forte. Ils ont fait la preuve, et ils l'ont faite à nos dépens, de ces qualités d'organisation. Ils ont fait la preuve, et ils l'ont faite en enrichissant quelques-uns de nos nationaux de leur aptitude à certaines industries. C'est le Dahoméen qui, le premier, a consenti à faire de l'huile de palme en plus grande quantité qu'il n'était nécessaire pour assurer ses besoins immédiats. Depuis cinquante ans qu'il s'en fabrique des cargaisons entières par village, on n'a pas encore trouvé moyen de faire économiquement mieux ou plus qu'ils ne font. Et, bien que cela ne paraisse pas une industrie compliquée que de ramasser des régimes, de les nettoyer, de les faire bouillir et de recueillir l'huile qui surnage, encore paraît-il qu'une certaine habileté soit nécessaire à ce travail, puisque des surfaces énormes couvertes de palmiers, et par conséquent offrant à tout venant les mêmes richesses qu'aux Dahoméens, restent inexploitées dans notre Guinée française. On n'a pas encore pu enseigner aux Sousous des environs de Konakri, par exemple, l'art dans lequel sont passés maîtres les Dahoméens de se faire des rentes avec les palmes qui mûrissent au-dessus de leur tête.

Les femmes du Dahomé paraissent, comme les hommes — et cela n'a rien de surprenant, — supérieures aux femmes des races voisines. Elles sont d'une remarquable propreté dans la tenue de leur ménage; elles collaborent avec leurs hommes pour la fabrication de l'huile; elles ont la réputation d'être courageuses même à la guerre. Ni hommes ni femmes ne m'ont paru d'un prognathisme exagéré; les mœurs de la famille sont celles de nos ouvriers ou de nos paysans. Aucune immoralité particulière ne m'a frappé.

Je ne mets pas en doute l'affirmation des

voyageurs qui prétendent avoir trouvé au pays noir les femmes déplorablement faciles. Mais, tout le long du parcours que j'ai suivi, aussi bien dans les villages traversés que dans l'intérieur même de ma colonne où se trouvaient de nombreuses femmes, je n'ai point constaté que le dévergondage du beau sexe fût plus accentué qu'il n'est chez nous. Quelques-uns des jeunes gens qui faisaient route avec moi ont cherché à faire des conquêtes, certains ont dû même y réussir, mais pas sur de plus grandes proportions ni avec moins de difficultés que s'ils avaient exécuté des grandes manœuvres en France.

Au surplus la femme paraît représenter chez les nègres, tout aussi bien que chez nous, l'élément conservateur. Gardienne du foyer, elle est conservatrice de la maison, des meubles, des usages, de ses enfants, d'elle-même. Aussi, bien loin de se jeter dans les bras du premier blanc venu, se tient-elle vis-à-vis de lui sur une réserve beaucoup plus défiante que son mari. Son instinct de femme et de mère l'avertit que cet étranger va être une cause de perturbation au sein de la société où elle vit; peut-être va-t-il amener la guerre, fléau détesté des mères, quels que soient le siècle ou la latitude où elles vivent.

Tout au plus cette crainte naturelle et jusqu'à un certain point justifiée, est-elle contrebattue par une certaine curiosité qui la pousse vers l'inconnu et lui fait désirer de le voir de près, lui ou les objets plus ou moins merveilleux qu'il apporte avec lui.

Mais il s'en faut que cette pointe de curiosité puisse être confondue avec un sentiment de sympathie plus ou moins équivoque. Bien au contraire, les femmes forment un élément de résistance à notre intrusion dans la vie indigène ; elles sont, beaucoup plus que leurs maris, réfractaires aux idées nouvelles que nous apportons, et ce n'est que longtemps après le premier échange de conversations, lorsqu'elles ont pu comprendre et s'assurer sans doute que nous étions avant tout des agents de paix, de douceur sociale et de bien-être matériel, qu'elles se décident à ouvrir la solide barrière que leurs préjugés ont établie entre elles et nous.

Les femmes, comme chez nous à la campagne ou dans nos petites villes, s'emploient plus que les hommes au commerce, soit qu'elles aient l'intelligence plus fine, soit qu'elles aient plus de patience avec le client, soit que les menues occupations qui sont le fait de la commerçante soient plus proportionnées à leurs forces que les travaux des champs.

Les modes des indigènes présentent, comme dans tous les pays, quelques ridicules. C'est ainsi que beaucoup d'entre eux se liment les dents de devant de façon à les tailler en pointe. Trouvent-ils cela plus beau? Des dents pointues seraient-elles plus avantageuses pour manger ce qu'ils mangent? Je n'ai pas pu éclaircir ce point. Pourquoi certaines femmes du Dahomé, pourquoi presque toutes les femmes du 8° au 9° degré se percent-elles la lèvre inférieure pour y passer une petite pointe de métal ou de bois? Pourquoi un grand nombre d'entre elles se percent-elles les oreilles et y accrochent-elles de petits bâtonnets? Je n'ai obtenu à ce sujet que des réponses incohérentes, mais je n'estime pas que ces détails doivent retenir l'attention d'un voyageur qui a vu sa mère, sa femme et ses filles se percer les oreilles de la même manière, pour le même objet et sans plus de raison.

De même les Dahoméens qui ont les cheveux

coupés courts trouvent fort joli de laisser quelques touffes plus longues de place en place. Cela répond chez eux à une certaine esthétique, de même que chez nous des bandeaux plats sont trouvés charmants, tandis que quelques années avant une femme trouvait fort laid de n'avoir pas une montagne de cheveux sur ou derrière la tête. Ce sont là, on en conviendra, des détails qui peuvent éveiller la verve des voyageurs — et qui l'éveillent, — mais ne prouvent rien pour ou contre l'intelligence d'une race.

Les *Mahis* ne se distinguent pas beaucoup, à première vue, des Dahoméens; ils ont le facies un peu plus noble, leurs femmes sont plus jolies, leurs danses sont gracieuses, assez bien composées, et la musique de leurs chants est moins rudimentaire que je ne l'ai trouvée ailleurs au cours de mon voyage. Eux aussi sont de bons laboureurs, très préoccupés des choses de la terre et des bienfaits de la paix. Ils sont peut-être aussi disciplinés que les Dahoméens, mais paraissent moins énergiques.

Les *Nagos* sont les plus laids des nègres que j'ai rencontrés; ils ont le nez épaté, écrasé, les lèvres énormes, le front assez étroit et fuyant. Ils sont vigoureux, laborieux, assez industrieux, et bons commerçants, mais ils me paraissent incapables de toute bonne discipline à l'égard de leurs nationaux, soit dans l'armée, soit dans l'État. En somme les Nagos paraissent être faits pour être domestiqués soit individuellement à titre d'esclaves, soit collectivement à titre de protégés, d'annexés ou de sujets.

Les Baribas, établis dans les villages qui confinent aux pays nagos, se font un jeu de les capturer. Encore n'est-il pas besoin qu'on les expédie fort loin pour les dépayser; deux jours de marche suffisent parfois pour qu'un Nago captif des Baribas renonce à s'échapper pour rentrer chez lui. J'en ai rencontré qui avaient été capturés à Tchaourou et qui demeuraient à Gobo depuis plusieurs années chez leurs maîtres, sans avoir l'énergie suffisante pour s'évader.

Leurs femmes, qui restent volontiers dans les villes, de crainte d'être saisies dans la campagne par des coureurs baribas, se livrent à l'industrie du tissage, et obtiennent de fort beaux produits. A l'inverse de ce que beaucoup de nos compatriotes penseraient, les gens de Kitchi et Tchaki vont à la côte, non pas pour y acheter des cotonnades, mais pour en vendre.

Chaque Nago un peu à son aise a deux ou trois femmes, beaucoup en ont une vingtaine. Clapperton, qui est passé à Tchaki cinquante ans avant moi, dit que le roi possédait quinze cents femmes. Ce nombre me paraît excessif; mais, en le réduisant de moitié, on voit encore que le roi, que ses ministres et tous les gens d'importance ont de quoi installer chez eux des ateliers de tissage dans lesquels la main-d'œuvre est à bon marché.

Pour passer du pays nago au pays *bariba*, il suffit de passer la Moursa. Autant la population est tranquille, laborieuse et même craintive au sud de cette rivière, autant elle est querelleuse, bruyante et guerrière au nord.

Les *Baribas* sont d'un type beaucoup plus pur que les Nagos; on a pu dire d'eux que c'étaient des blancs peints en noir. Ils ont le nez presque droit, le front large et haut, beaucoup ont la démarche fière et assurée; ils sont bons cavaliers, joueurs au point de jouer sur parole les esclaves qu'ils se proposent de capturer, de jouer même leur propre liberté.

Leurs femmes sont plus laides que les hommes et il est probable que cette différence ira en s'atténuant au détriment des hommes, car ils ne craignent pas de s'allier, c'est-à-dire de se mésallier, avec leurs captives nagotes.

Tous les peuples dont je viens de parler et chez lesquels il y a fort peu de musulmans, traitent les femmes à peu près comme nos ouvriers et nos paysans traitent les leurs. Ils les emploient aux soins du ménage et au commerce, à la confection et à l'entretien de leurs vêtements, se séparent très difficilement d'elles, au point qu'ils les emmènent souvent en voyage, alors même qu'elles seraient grosses ou nourrices. Elles sont d'ailleurs le plus souvent à la fois grosses et nourrices.

Ils les consultent à toutes occasions et même pour les affaires de l'État.

La première femme du roi Ajani, à Tchaki, et celle de Dagba Kitoro, roi de Boussa, me tinrent tête en plusieurs circonstances avec beaucoup d'esprit politique et d'à-propos.

Lorsque l'on quitte les Baribas pour entrer

plus au nord chez les peuples franchement musulmans, le nombre des Peuhls augmente. Ceux-là sont de véritables blancs qui ont reçu une ou plusieurs couches de pigmentation, et chez lesquels on retrouve toutes les teintes depuis le jaune-paille jusqu'au noir de fumée en passant par toutes les nuances intermédiaires. Ils ont le nez aquilin, les lèvres minces, les yeux grands et réguliers, le front droit et haut, les cheveux soyeux et non crépus.

Ils s'entendent admirablement à la conduite des bœufs, ils dirigent à la voix ces animaux qui leur obéissent comme des caniches. Leur bétail qu'ils ne maltraitent pas et qui n'est pas, comme chez nous houspillé par des chiens, est d'une douceur remarquable. Un étranger comme moi peut circuler au milieu d'un troupeau sans que les bêtes qui sont couchées se lèvent, sans que celles qui sont debout s'effarent ou s'agitent; celles que l'on caresse comme celles que l'on veut traire s'y prêtent également. En donnant ces détails sur le troupeau, j'entends renseigner aussi sur les attentions et sur le caractère du pasteur.

C'est pourtant ce peuple peuhl qui a fourni

les sectaires les plus enragés de l'Islam dans le nord de l'Afrique, mais c'est là, je crois, une crise passagère et la violence de leur prosélytisme paraît diminuer.

Les Peuhls aiment à s'habiller de blanc, ils marchent le plus souvent en s'appuyant sur un léger javelot; beaucoup m'ont paru d'effrontés menteurs, mais cela tient sans doute à ce que je ne me suis adressé qu'à des esclaves et non, comme j'avais l'habitude de le faire en pays nago, dahoméen ou bariba, à de grands chefs soucieux de leur dignité et désireux par suite de ne pas mentir sans espoir de me tromper.

Les femmes peuhles, qui sont des laitières et des beurrières consommées, sont généralement d'un teint plus clair que les hommes. Jolies, un peu grêles, rieuses et intelligentes, elles ont, aux environs de Saye, l'usage de se passer dans le nez un cadenas d'argent. Cette bizarrerie trouble au premier aspect l'harmonie de leur physionomie, mais au bout de quelques jours cette impression s'affaiblit.

En dehors des Peuhls qui sont répartis, comme je l'ai dit, en plus grand nombre dans le nord que dans le sud, les populations du

Dendi, du Zaberma, du Gourma, celles de la vallée du Niger elle-même, contiennent les éléments les plus variés, au milieu desquels prennent la première place l'élément sonray par son importance numérique, l'élément touareg par la valeur individuelle et par le prestige dont jouissent ses représentants.

Depuis Saye jusqu'à 50 kilomètres en amont de Zinder, la vallée du Niger, comme d'ailleurs tous les pays très fertiles du monde, se trouve encombrée d'une masse de populations appartenant à des races diverses qui s'y sont mélangées ou superposées. Pour reconnaître dans ce mélange les éléments initiaux des races dont est issue la population actuelle, il aurait fallu plus de temps et d'autres moyens d'investigation que ceux dont je disposais. Encore n'est-il pas sûr qu'on puisse arriver en quelques années, même par les procédés d'investigation les mieux étudiés, à dépeigner l'inextricable écheveau ethnologique en présence duquel on se trouve dans cette partie du continent africain. Le mouvement des transports qui s'exécutent sur le fleuve ou le long de ses rives, celui des caravanes qui empruntent cette vallée pour une partie de leur parcours, en raison des facilités qu'elle offre à la marche et à l'alimentation, les guerres d'invasion qui ont eu pour objet la conquête de ce riche pays, tout a contribué et contribue chaque jour à enraciner sur les bords du Niger de nouveaux éléments ethniques.

Comme l'Afrique tropicale est un des pays du monde où l'on voyage le plus et où l'on se bat le plus, guerriers et voyageurs ont laissé entre Saye et Zinder des spécimens de tous les types humains connus, depuis le Kabyle au nez sémitique, à la peau d'une blancheur lactée, jusqu'au nègre du Baghirmi sur la peau duquel un trait de mon crayon laissait une trace plus pâle que le fond.

Mais si toutes les races se sont mélangées, il n'en est pas de même des sociétés qui sont, au moins pour quelques-unes d'entre elles, restées compactes en se juxtaposant ou en se superposant les unes aux autres. Ainsi la race sonray actuelle est bien loin d'appartenir à la pure descendance des anciens conquérants sonrays; il y a de tout dans un village sonray, mais la communauté désignée sous ce nom n'en est pas moins, malgré ses différences d'origine, soumise à des lois sociales à peu près identiques depuis Saye jusqu'à Farca. Ces Sonrays, puisque nous leur conserverons ce nom, sont presque tous cultivateurs. Ils représentent dans la vallée du Niger ce que le Fellah représente dans la vallée du Nil. Laborieux, assez bornés, très prolifiques, ils garnissent la vallée de villages purement agricoles; chacun de ces villages cultive autour de lui une banlieue dont le rayon peut atteindre 1 500 à 1 800 mètres en dehors de l'agglomération centrale. Et il faut croire que les habitudes de la vie ou les nécessités de la culture interdisent aux habitants de ces villages de s'éloigner davantage de leurs cases, car lorsque le nombre d'habitants vient à augmenter, ce village n'augmente pas le nombre de ses maisons. Il lance à deux ou trois kilomètres une colonie qui fonde un petit village du même nom que le premier. Ainsi il y a jusqu'à cinq villages les uns à côté des autres portant le nom de Malou. Il y a un certain nombre de villages quadruples et une grande quantité de villages triples, mais presque tous les villages qui sont sur le bord du fleuve sont doubles, ceux de la rive gauche ajoutent le qualificatif haoussa, ceux de la rive droite le qualificatif gourma. Exemple : Sagahaoussa, rive gauche, et Sagagourma, rive droite.

A côté ou plutôt au-dessus des sociétés sonrays est la société peuhle mélangée tout autant que l'autre au point de vue ethnique, mais tirant de victoires et d'invasions plus récentes que celles des Sonrays une sorte de suprématie sur ceux-ci. Les Peuhls détiennent la plupart des fonctions dans les villages sonrays ; ils sont chefs de villages, cavaliers à la solde ou aux ordres desdits chefs, hérauts ou crieurs publics, collecteurs d'impôts, conseillers ou courtisans du Serki, mais le plus souvent, surtout dans les petits villages, ils ont pour factotum ou *ad latus* un Sonray qui exerce la plus grande partie de leur autorité. Celle-ci, qui est tout entière fondée, comme je l'ai dit, sur la conquête et les victoires de Danfodio au commencement de ce siècle, ne s'exerce plus guère que par une tradition qui tombe en désuétude.

Car les Peuhls ont cessé d'être les vrais maîtres du pays. Pas plus que les Turcs ne peuvent rien faire en Égypte, sans l'assentiment des Anglais, les Peuhls ne peuvent demander aux Sonrays que ce qu'il plaît aux Touareg de leur laisser demander. Ces derniers, d'abord repoussés vers le nord par le grand prophète de Sokoto, ont reconquis peu à peu leur influence et sont descendus jusqu'à Saye où l'amirou est à leur merci. Ils exercent aussi bien sur les Peuhls que sur les Sonrays, ce que nous appellerions un protectorat, c'est-à-dire qu'ils mettent ces populations en coupe réglée, possédant l'art de les tondre et de les pressurer sans les amener à la révolte, ni les contraindre à l'émigration. Leurs protégés leur sont parfaitement soumis, et ils exercent sur eux un tel prestige qu'un Touareg peut tout se permettre dans un village sonray.

Car, non seulement le peuple touareg dans son ensemble est tenu pour suzerain des autres peuples de la vallée, mais chaque Touareg individuellement se considère et est considéré comme le maître et seigneur de tous les noirs qu'il rencontre. On voit qu'il ne s'agit pas là d'une protection platonique comme celle que nous exerçons dans certains pays par exemple, où l'on voit le secrétaire général du gouvernement se plaindre que certains conseillers français n'aient pas « assez de déférence » vis-à-vis des caïds indigènes. Il ne viendrait jamais à l'idée de ces protecteurs, si nous construisions du jour au lendemain un chemin de fer dans leur pays, qu'un Touareg pauvre dût monter en troisième tandis qu'un Sonray riche voyagerait en première. D'ailleurs, si un pareil scandale se produisait, il serait pris telles mesures nécessaires pour qu'il ne se renouvelât pas, car, dès le soir même, le Touareg serait riche de ce que le Sonray devenu pauvre lui aurait donné.

Chez ces Touareg l'esprit de domination a introduit ou développé des mœurs foncièrement aristocratiques. Non seulement les Touareg ne paraissent chez leurs sujets qu'à cheval et supérieurement montés, armés jusqu'aux dents et suivis d'un nombre plus ou moins important de valets, mais ils cherchent constamment et ils réussissent à en imposer par la dignité de leur attitude et l'énergie de leurs moindres mouvements. Barth raconte que le premier qu'il rencontra était couché sous sa tente et qu'à l'arrivée du voyageur blanc, il se dressa d'un seul coup debout, en armes, comme mû par un ressort. De même, je ne les ai jamais vus monter à cheval en mettant bourgeoisement, comme les Arabes ou les Baribas, le pied à l'étrier. Tous sautaient en selle d'un seul coup avec une aisance qui me parut naturelle et un air de distraction qui était sûrement affecté. En tout cas, s'ils ont voulu me montrer qu'ils étaient des cavaliers énergiques, ils ont pleinement réussi.

Je n'ose pas parler de leurs femmes, car déshabitués depuis de longs mois de voir des visages blancs, nous fûmes tout bonnement ravis des premiers minois roses que nous aperçûmes au bord du fleuve et je crains fort d'avoir conservé, par l'effet de ce simple contraste, une idée exagérée de leurs charmes.

Tous les Touareg paraissent apprécier leurs compagnes. Chaque homme n'en a qu'une. Elles sont bien traitées et volontiers écoutées. L'instruction leur est donnée comme aux hommes. Beaucoup d'entre elles savent non seulement lire et écrire l'arabe, mais connaissent tout ce qu'on enseigne dans la littérature arabe, c'est-à-dire le Coran et les traditions coraniques. Elles ont autant, sinon plus que leurs hommes, l'esprit porté aux discussions religieuses. D'ailleurs le Touareg ne se mésallie pas. Il possède toutes les négresses qu'il veut, mais on ne voit guère de mulâtres issus d'un Touareg et d'une négresse, et cette sage abstinence ne contribue pas peu à rehausser le prestige d'une race qui sait si bien maintenir son intégrité.

Bref, cette société touareg, seule représentante de la race blanche au milieu de la barbarie nègre, apparaît comme une élite, comme une élite de proie, mais une élite indiscutée, et ceux qui ont la prétention de les remplacer dans l'empire qu'ils exercent sur le monde noir ne sauraient s'inspirer de meilleurs modèles, à condition d'éviter la rapacité et la violence, pour faire accepter leur suprématie aux vaincus.

En réalité ces Touareg ne sont pas à proprement parler des indigènes. Ce sont des dominateurs étrangers, qui ont conservé et tiennent à conserver leur caractère étranger. Ils ont beau être dans le pays depuis longtemps, ils ne sont pas plus des Nigériens que nos fils ne seront des Soudanais dans cent ans.

Quant aux races indigènes proprement dites dont nous venons de retracer si rapidement les caractères principaux, quelles raisons trouver de l'infériorité indéniable de la civilisation dont elles jouissent?

On trouvera probablement avant peu les raisons physiologiques, résultant des particularités géologiques du sol qui nourrit les noirs, raisons pour lesquelles le noir est ce qu'il est, c'est-à-dire différent du blanc. Peut-être la pénurie de phosphate de chaux suffirait-elle à expliquer des différences de structure ou de développement cérébral, mais la différence qui existe entre un noir et un blanc, pris individuellement, en admettant que cette différence soit en faveur du blanc, ne suffit pas pour expliquer le prodigieux écart qui existe entre la civilisation des noirs de la boucle du Niger et celle d'autres races vivant sous des latitudes comparables, telles que les Indous, les Siamois, les Cambodgiens et les Annamites.

Comme il faut bien admettre que les destinées des races, ainsi que celles des hommes, dépendent du pays qu'elles habitent, cherchons un peu les causes, ou quelques-unes des causes qui ont retardé le développement de l'humanité dans la boucle du Niger.

L'une des principales me paraît être dans l'instabilité à laquelle sont soumis les individus, les familles et même les races dans cette région.

Une société humaine ne peut réellement progresser qu'à condition de n'être pas constamment déplacée. Pas plus qu'un arbre ne grandirait si on le transplantait tous les six mois, une race d'hommes ne peut avancer en civilisation, si toutes les deux ou trois générations elle est arrachée du sol où elle vient de vivre. A chaque migration, c'est l'avance, ou une partie de l'avance, gagnée par les générations précédentes qui disparaît en pure perte.

Aussi voit-on arriver les premiers à un degré de civilisation supérieur aux autres peuples établis sur un sol qui impose ou permet la sédentarité. Existe-t-il des pays moins propres aux déplacements, aux fluctuations de races que les rebords de l'Asie Ionique, ou que la Grèce, mère de la civilisation méditerranéenne? Cette Grèce grande au plus comme notre Gascogne, mais où tant de montagnes et de vallées avaient découpé tant de recoins que huit peuples ont pu s'y développer à des degrés de civilisation très différents quoique tous très élevés, où Thèbes la béotienne et Athènes, à peine aussi distantes que Montargis l'est de Melun, étaient considérées comme aux antipodes intellectuelles l'une de l'autre.

Croit-on que les cités antiques, les républiques italiennes écloses sur le sol si découpé, si tourmenté, si varié de la péninsule, auraient pu se développer et fructifier de la même façon dans les steppes de la Scythie ou dans les plaines baltiques?

Et si nous nous reportons à des latitudes inférieures, qui ne voit l'importance exercée par le système orographique de l'Himalaya sur le prodigieux développement des pays indous et indo-chinois? Non seulement le Pamir sert d'écran contre les vents des déserts turcomans, non seulement il a abrité l'Inde contre les invasions mongoles, mais ses ramifications ont compartimenté toute la presqu'île en une foule de coins bénis où chaque pasteur de peuple a dit en y pénétrant : « Il fait meilleur ici qu'ailleurs, ce n'est pas une tente qu'il faut y dresser, c'est une ville qu'il faut bâtir pour nos enfants et leurs enfants. »

Partout l'homme s'est trouvé accroché, et accroché pour longtemps au même sol. La maison bâtie par le père, agrandie par le fils, embellie par le petit-fils, s'est entourée de jardins, les bourgades sont devenues des villes, les campagnes se sont couvertes de rizières, sillonnées de routes et de canaux. Et à la faveur du bien-être matériel résultant de ce travail accumulé par les générations, le développement intellectuel et social s'est produit.

Mais au Soudan! Pas d'Himalaya, mais le Sahara! Pas de neiges éternelles alimentant des fleuves permanents! Pas d'abris contre les vents sahariens! Un pays où le vent du nord, c'est l'harmattan, un sirocco plus chaud!

Plus de cours d'eau découpant des couloirs où le génie humain puisse s'asseoir, où le travail de l'homme puisse s'emmagasiner. Plus même de pierres pour élever une demeure (le granit est trop compact), ni de chaux pour la cimenter. Plus rien qui attire ni captive, plus rien qui retienne l'homme plutôt en un point que dans un autre.

Plus rien, comme je le disais en première page, qu'une effrayante uniformité, engendrant une morne indifférence. Rien qui sollicite les fragments de la malheureuse humanité épars sur cette immense surface à s'incruster quelque part où l'effort, le progrès du père pourra servir à édifier les progrès de l'enfant.

Aussi les vagues humaines qu'aucun récif n'arrête n'ont-elles pas cessé d'être ballottées sur ce fond trop égal, mélangeant et brassant toutes les sociétés avant qu'elles aient seulement le temps de s'individualiser, de prendre racine, de se développer.

Comment la race noire aurait-elle pris le développement social dont ses membres sont — je le crois — susceptibles, sur un sol où l'on ne retrouve pas trace d'institutions humaines remontant à plus de cent ans!

CHAPITRE V

Les usages.

La pêche, la chasse, l'industrie, le commerce,
les voyages, les visites.

Au Dahomé, au Borgou, dans la vallée du Niger, comme probablement partout sur la terre, la plus grande partie du travail humain est consacrée à l'agriculture. Il doit donc être entendu, quand nous parlerons des usages des indigènes, que leur vie journalière est celle du cultivateur, et que les usages que nous allons passer en revue ne sont que l'accessoire de la grande occupation naturelle et générale : savoir, le travail de la terre.

En cherchant ce qui contribue immédiatement après l'agriculture à fournir le plus gros appoint à la nourriture des indigènes, on trouve que c'est la pêche qui, avant la chasse, vient en première ligne. Bien qu'on ne puisse pas pêcher partout, faute de cours d'eau, la pêche donne des produits de telle qualité et en telle quantité que, lorsqu'on peut l'exercer, elle entre pour la plus forte part dans les sources d'alimentation des noirs.

Nous ne parlerons pas des pêches côtières, bien qu'il paraisse à peu près certain qu'il y a des poissons sur la côte dahoméenne. On y trouve en effet une telle quantité de requins qu'on se demande de quoi vivraient ces animaux si les eaux où ils pullulent n'étaient pas habitées par des légions de poissons plus petits formant la proie habituelle des squales. On ne suppose pas, bien que cela ait été dit, que ces animaux passent leur vie dans le golfe de Guinée à attendre, pour le dévorer, qu'un passager tombe à la mer. Il est donc tout naturel d'admettre que la côte de Guinée est fort poissonneuse. Mais la pêche côtière est peu pratiquée par les indigènes, soit que le danger résultant de la barre d'atterrissage les éloigne de cette industrie, soit que la pêche sur les lagunes, lesquelles bordent presque partout le rivage marin, présente des avantages qui la fassent préférer à la pêche en mer.

Sur les lagunes, l'eau beaucoup plus calme, sinon tout à fait immobile, est sillonnée de barques où se tiennent les pêcheurs. Les bords mêmes de ces lagunes portent des villages dont les habitants paraissent entièrement consacrés au travail de la pêche.

Les villages comme celui d'Avonsouri sont formés de maisons sur pilotis assez élevés pour que la vague ne vienne pas en mouiller le plancher. On y accède directement en pirogue. Quant aux engins, ils sont ceux que nous connaissons : la ligne presque toujours dormante, les nasses ou verveux et surtout l'épervier.

Les pêcheurs de Kotonou excellent à manier ce dernier engin, qu'ils étalent sur l'eau en cercle parfait de 7 à 8 mètres de diamètre. Ils le lancent, non pas comme nos pêcheurs, après l'avoir balancé du côté gauche dans un plan vertical, mais après l'avoir fait tournoyer horizontalement à deux mains au-dessus de la tête. Si l'on réfléchit qu'ils se livrent à cet exercice en se tenant debout à la pointe d'une pirogue où je ne pourrais guère m'asseoir sans risquer de la faire chavirer, on comprendra que ce n'est qu'après un sérieux apprentissage qu'un noir peut aborder cette manœuvre.

En certains endroits de la lagune, où les indigènes ont constaté que les poissons exécutent des migrations périodiques, on trouve des pêcheries organisées en clayonnage, qui, au moyen de barrages et de labyrinthes, conduisent le poisson dans des chambres de pêche.

Tous les engins employés témoignent d'ailleurs d'une industrie depuis longtemps établie et prospère.

Les éperviers sont fabriqués par les pêcheurs eux-mêmes et n'ont rien à envier, ni pour l'adaptation des mailles à la taille des poissons, ni pour la légèreté et la régularité du travail de filet, ni pour le plombage, aux éperviers que nous voyons lancer sur la Seine.

Les produits de cette pêche sont principalement des mulets, des soles et des poissons analogues à nos carpes et à nos brochets, dont je n'ai pu connaître le nom. J'en ai d'ailleurs rapporté un grand nombre d'échantillons qui sont maintenant conservés au Muséum à Paris et qui ont dû être identifiés. Ces produits se trouvent tous les jours sur le marché de Kotonou. Mais les quantités vendues sur ce marché ne représentent qu'une très faible proportion de ce que fournit la pêche sur le Denham. On pourra, en effet, avoir une idée du nombre de poissons qui vivent dans la lagune ou dans l'Ouémé en apprenant qu'un jour d'orage les décharges électriques ou toute autre cause ayant tué les poissons d'une certaine espèce (des anguilles), le bateau à vapeur sur lequel nous marchions eut ses aubes empêtrées pendant plus de cinq heures par les cadavres qu'elles soulevaient.

Nous avons retrouvé à Zagnanato, sur l'Ouémé, à cent kilomètres dans l'intérieur, des usages de pêche à peu près analogues. On pêche encore à Aguagon, à hauteur de Savé.

En ces différents points, comme d'ailleurs sur la côte et le long du Niger, les indigènes conservent leur poisson en le fumant. Cette manière de le conserver comporte deux degrés.

Quand on veut conserver du poisson pendant trois ou quatre jours, on le met très près des charbons et, en même temps qu'il se fume, il subit une demi-cuisson.

Quand on veut le conserver pendant plusieurs mois, on le découpe en tranches plus minces, on élève beaucoup plus loin du feu (près d'un mètre) les baguettes du gril sur lesquelles on le place et on entretient un feu très fumeux pendant plusieurs jours.

Les indigènes des différentes localités attachent une grande importance à la nature du bois et des feuilles employés pour ce traitement empyreumatique; mais je n'ai pas eu le temps d'établir un catalogue de ces bois plus ou moins aromatiques, ni même d'aller les reconnaître.

En arrivant sur le Niger, nous avons retrouvé la pêche organisée sur une grande échelle. Les villages de Badgibo, de Douga, de Yékédé ont même une sorte de police commune qui interdit la pêche sur certaines laisses du fleuve aux époques du frai. La fin de ces interdictions donne lieu à une fête pour laquelle tous les habitants des villages paraissent se donner rendez-vous sur l'eau. Cette fête occasionna la seule alerte que nous ayons eue pendant notre séjour à Arenberg. L'arrivée en bel ordre d'une véritable flottille de pirogues montées par des harponneurs qui se donnaient des airs de matamores, par des arquebusiers qui se livraient à une pétarade intense, justifiait d'autant plus nos appréhensions que nous ne pouvions véritablement pas croire que nos voisins fussent capables de mobiliser dans leurs villages une telle quantité de nautonniers.

Je mentionne cette petite aventure où le ridicule fut de notre côté, pour montrer quelle place tient la pêche dans les occupations du pays.

Les engins ne sont plus les mêmes sur le Niger que dans les lagunes de la côte. Il ne peut pas être question de jeter l'épervier dans un fleuve qui a 7 ou 8 mètres de profondeur, un courant très rapide et un fond parsemé d'aiguilles de rochers. Toutes les mailles resteraient accrochées. La pêche la plus fructueuse se fait donc dans les bras du fleuve où les mouvements d'ascension et de baisse des eaux laissent les poissons emprisonnés dans des flaques. On les prend alors à la main ou avec des petits filets analogues à nos troubles. Les lignes de fond donnent aussi en plein fleuve, surtout en ce qui concerne la capture des gros poissons, des résultats avantageux.

Mais c'est surtout l'emploi de la fouène ou fouine qui est la caractéristique de la pêche sur le moyen Niger. Ces fouènes sont de véritables javelots terminés par un harpon à une ou plusieurs dentelures. Tantôt ce harpon est libre, et on suppose qu'il suffira alors pour arrêter le poisson blessé, tantôt il est monté à l'extrémité d'une corde qui se déroule dans le bateau, tandis que le poisson s'enfonce dans l'eau entraînant le harpon qui l'a frappé. Enfin certaines petites fouènes sont montées de façon à pouvoir être tirées avec un arc. Il s'agit alors d'atteindre des poissons de petite taille, ce qui exige une grande précision dans l'envoi de la fouène. Quelle que soit la manière dont elle est montée, voici la façon dont on en fait usage. Souvent le pêcheur se promène simplement sur le bord de l'eau, et il cherche à découvrir les poissons qui dorment le long de la rive.

Dans un cours d'eau aussi rapide que le Niger moyen, les poissons sont en effet obligés, pour se reposer, de rechercher les endroits où ils ne risquent pas d'être entraînés pendant leur sommeil. Ces endroits se trouvent presque toujours à l'abri des anfractuosités que donnent certains éperons rocheux de la rive. En aval de ces éperons il se forme un contre-courant; entre ce contre-courant et le courant général du fleuve, il existe donc une région où l'eau est immobile : c'est là que se tiennent les poissons. C'est là aussi que le pêcheur à la fouène vient les surprendre.

La nuit on emploie également la fouène, le pêcheur attirant les poissons à l'aide d'une torche allumée à l'arrière d'une pirogue et frappant les animaux dès qu'ils apparaissent. Nous n'avons, pour notre compte, employé le plus souvent que la pêche à la ligne qui, pratiquée comme nous le faisions, c'est-à-dire n'importe où, au hasard des endroits où nous nous arrêtions, ne donnait que de maigres résultats. Nous n'en avons pas moins recueilli de nombreux et très gros poissons qui sont venus se faire prendre accidentellement en sautant dans nos embarcations. Voici comment se faisaient le plus souvent ces captures qui jetaient la plus vive animation dans notre monotone travail de remonte.

Réduits à marcher à la perche sur un fleuve plus profond que nos perches n'étaient longues, nous devions prendre point d'appui sur la rive. Le bateau écarté du bord par la poussée des percheurs y était ramené par son mouvement en avant et par la direction que le pilote d'arrière donnait à la quille. Le plat-bord venait donc tous les cinq ou six mètres s'accoster à la berge.

Si l'on se rappelle que c'est le long de cette berge que dorment les gros poissons, on comprendra que ces malheureux animaux, se trouvant coincés par nos embarcations entre le plat-bord et la berge, étaient obligés de s'esquiver. La plupart le faisaient en plongeant par-dessous notre quille. Mais certains d'entre eux avaient la mauvaise inspiration, provoquée sans doute par un réveil subit, d'essayer de se sauver en franchissant la muraille de notre embarcation. Ils retombaient sur les caisses en fer, les avirons et autres objets qui gisaient au fond de notre bateau et étaient accueillis immédiatement par une grêle de coups de crosse de mousqueton. Aussi étaient-ils le plus souvent étourdis par l'accueil de nos laptots avant d'avoir eu le temps de se reconnaître et de rebondir dans l'eau. Les plus communs de ces poissons portent dans le Sénégal et dans tout le Soudan le nom de *capitaines*. Ils m'ont paru être de la famille des salmonidés. Ils pèsent de cinq à trente kilog. Leur chair tient sur la table le milieu entre celle du turbot et celle du saumon. Elle se prête à la conservation par la fumée. Aussi tous ceux qui poussaient la distraction jusqu'à sauter dans notre embarcation étaient-ils accueillis avec joie par notre équipage, qui trouvait son ordinaire assuré, souvent pour deux ou trois jours, par une seule capture.

En dehors des capitaines, nous avons pêché un grand nombre de poissons plus petits analogues au mulet, à la brème, à la dorade, à l'anguille et aux poissons blancs. Je ne puis naturellement me prononcer sur l'identité de ces différentes espèces, dont j'ai rapporté au Museum un certain nombre d'individus.

La chasse. — La chasse ne contribue que fort peu à l'alimentation des habitants du bas Dahomé. Sans doute, il y a dans la forêt équatoriale des clairières cultivées où se tiennent des perdrix et des pintades; les singes sont nombreux et les antilopes n'y manquent pas.

Mais la forêt est très difficile à parcourir; le sous-bois n'y offre aucune vue étendue, jamais la végétation ne s'interrompt pour permettre, comme dans nos pays au moment « où le bocage est sans mystère », d'exécuter de fructueuses chasses au bois. Au milieu de ces frondaisons toujours en pleine sève, il ne peut pas être question d'organiser des battues par l'incendie. Bref, la chasse ne commence à rapporter sérieusement qu'à partir de la latitude où les herbes se dessèchent au moins une fois par an. Or cette latitude nous reporte déjà assez loin de la côte pour que l'usage des armes à feu cesse d'être courant.

Les grandes chasses se font surtout, comme nous l'avons dit, en pays bariba où l'incendie peut servir de ligne de traqueurs, à condition d'être convenablement allumé, intelligemment dirigé et entretenu par quelques hommes dévoués. En avant de l'incendie, guettant les fauves qu'il chasse devant lui, se tiennent les chasseurs armés d'arcs et de flèches empoisonnées. Ces flèches sont faites de fétus de paille sèche pris à la base des fanes d'herbe de Guinée. Elles sont armées à leur extrémité d'une pointe de fer barbelée ou lancéolée. C'est sur cette armature de fer qu'on dépose le poison en trempant les flèches dans une chaudière où l'on a placé la décoction vénéneuse. L'essence de ce poison paraît être d'origine végétale et est probablement due au suc de certaines plantes qui croissent aux environs de Patachi, notablement des *strophantus*, dont j'ai rapporté un échantillon. Je regrette encore de n'avoir pas conservé un demi-litre de cette liqueur. J'ai eu, en effet, l'extraordinaire fortune de trouver, en arrivant dans l'île, une marmite toute pleine où mijotait le poison, au moment où des Baribas experts procédaient à l'empoisonnement de plus d'un millier de flèches. En vain ai-je tâché de réparer cette omission en demandant aux plus intelligents d'entre eux comment ils composaient leur drogue. Ils m'ont répondu par des noms de racines ou d'herbes inconnus de mon interprète et de moi-même. Peut-être ne voulaient-ils pas me tromper, mais la notion qu'ils avaient du poison était chez eux embarrassée de préoccupations de maléfices ou de sortilèges. C'est ainsi qu'ils avaient mis dans leur marmite et fait bouillir avec du jus d'herbes dangereuses : 1° une tête de serpent qui pouvait bien ne pas être inoffensive ; 2° une dent de caïman, des ergots de chien, des griffes de panthère, de la corne d'antilope et autres substances qu'on n'aimerait pas assurément à trouver dans son potage, mais dont l'infusion n'est guère capable de foudroyer un lapin.

Les Baribas se servent avec beaucoup d'adresse de ces flèches dont la blessure suffit pour arrêter après quelques pas une antilope de forte taille. Beaucoup de nos camarades ou de nos soldats qui ont été touchés par ces flèches sont morts de leurs blessures quelques minutes après. On a peine à croire quelle est la puissance de pénétration de ces petites armes. Nous en avons reçu en remontant le Niger. Elles étaient tirées à plus de 50 mètres et s'enfonçaient de plus d'un centimètre dans le bois de notre embarcation. Or les planches dont était fait le dessus du plat-bord provenaient de la démolition de vieilles pirogues, et le bois, à cet état de conservation, avait une dureté bien supérieure à celle du cœur de chêne, intermédiaire entre celle de l'acajou et celle du bois de fer.

La portée de ces projectiles varie entre 60 et 100 mètres, mais il faut reconnaître qu'au delà d'une vingtaine de pas leur tir ne présente plus aucune justesse, quelle que soit d'ailleurs l'habileté de l'archer. Je ne voudrais donc pas contribuer à entretenir la légende de Guillaume Tell au profit des plus adroits chasseurs baribas. Après les avoir vus à l'œuvre et leur avoir payé un juste tribut d'admiration, on doit désespérer de rencontrer ailleurs que dans les romans d'Alexandre Dumas des archers capables de traverser en l'air, d'un deuxième coup, la flèche lancée d'un premier coup. C'est pourtant à l'aide d'un pareil engin que les Baribas s'approvisionnent sérieusement de venaison, au point d'avoir presque toujours des quartiers d'antilope fumés en provision pour les jours de fête.

J'ignore quelles sont, au nord de Borgou, les mœurs du chasseur. M'étant toujours tenu dans l'axe de la vallée du Niger, où la pêche et la chasse du gibier d'eau étaient les préoccupations dominantes, j'ignore si les gens du Dendi et du Zaberma sont aussi grands chasseurs que les Baribas.

Sur les confins de la steppe saharienne, on retrouve les chasseurs d'autruches analogues à ceux des Hauts-Plateaux algériens, mais je n'ai pas assisté à leurs chasses et je n'en ai connu que les produits. Les plumes du grand oiseau figurent en effet sur tous les marchés. A Zinder, j'ai même vu deux autruches gardées en liberté. Elles paraissaient ne pas souffrir de leur capture, mais je ne saurais dire si elles s'accommodaient sincèrement de ce genre de vie, ou bien si elles se résignaient à ne pas franchir un bras du Niger pour reconquérir leur liberté. Il se peut fort bien en effet que, Zinder étant dans une île au milieu du fleuve, les chasseurs d'autruches aient exploité pour les y retenir sans gardien une certaine incapacité de ces oiseaux à traverser l'eau profonde.

Il est certain que l'éléphant existe dans le bassin du Niger moyen. J'ai rapporté quelques défenses de diverses grosseurs qui m'ont été vendues par des marchands ou par les chasseurs eux-mêmes, mais je n'ai pas connaissance que la profession de chasseur d'éléphants soit régulièrement exercée dans la région que j'ai parcourue, et l'éléphant paraît être pour le chasseur du moyen Niger un gibier tout à fait exceptionnel, quelque chose comme l'outarde ou l'oie sauvage pour le chasseur des environs de Paris.

Le gibier d'eau. — Partout où le Niger peut s'étaler dans sa vallée, le gibier d'eau abonde et est l'objet, de la part des indigènes, d'une poursuite fructueuse, soit au moyen de pièges, soit au moyen d'arcs et de flèches. Les canards de toutes sortes, depuis le très gros canard de Barbarie au nez charnu, jusqu'au tout petit canard à poitrail doré qui n'est guère plus gros qu'un pigeon, volent, nagent ou dorment sur le sable en grandes bandes, généralement d'autant plus nombreuses que les individus qui les composent sont plus petits. Les pluviers, pêcheurs, macreuses, vivent au contraire isolément. Les pingouins, de la taille de nos plus grosses oies, nagent ordinairement deux par deux ; leur chair est assez fétide, paraît se corrompre plus vite que d'autre, et n'est guère recherchée. Il en est de même de celle des grues, qui est tellement coriace que mes laptots et mes Dahoméens, pourtant fort bien endentés, boudèrent devant celles que j'avais tuées pour eux à Yaourie.

Le crocodile et l'hippopotame sont, en revanche, des gibiers aquatiques très recherchés, et il ne semble pas que la poursuite acharnée dont ils sont l'objet en ait diminué sérieusement le nombre. Les indigènes en mangent volontiers la chair et font ensuite usage de la peau, soit en la taillant en petits morceaux plaqués sur une trame en étoffe pour se faire des carapaces de combat, soit en découpant dans la peau du dos de l'hippopotame des boucliers d'un seul morceau d'un mètre soixante de haut, remarquablement résistants. Il est inutile de remarquer que ces boucliers, si solides qu'ils soient, sont traversés comme des feuilles de papier, non seulement par la balle du fusil Lebel, mais aussi par la balle de nos fusils de chasse. Le cuir d'hippopotame est si épais et si résistant qu'on peut tailler dedans de belles cravaches d'un mètre quarante de long, d'une souplesse parfaite, véritablement incassables et que j'estime supérieures aux produits fabriqués par nos meilleurs selliers.

L'industrie. — Le travail industriel se limite presque exclusivement à la fabrication et à la teinture des étoffes de coton. Les métiers, construits d'après des principes absolument identiques aux métiers de nos tisserands, sont installés dans les cases, soit isolément, comme dans les pays dahoméens, baribas et peuhls, soit réunis sous la surveillance d'un seul patron qui en dirige jusqu'à 20, comme dans les pays nagos. Partout ailleurs que chez les Nagos, la largeur des bandes tissées est très faible, et, pour obtenir les dimensions que l'on veut donner à l'étoffe, on est obligé de coudre ces bandes l'une à côté de l'autre. Mais à Tchaki, à Kitchi et à Bogho on tisse des pièces de 1 m. 50 de large d'un seul morceau. Le caractère commun de toutes ces étoffes est que ni la trame ni la chaîne ne sont très serrées. Le fil de coton est gros, il n'est pas soumis à une torsion aussi énergique que dans nos filatures ; il est fabriqué à la main ou au fuseau et, dans certaines bourgades, à Karma notamment, on voit les hommes circuler et vaquer à leurs différentes occupations tout en tordant leur mèche de coton. Telle est leur habitude de ce travail qu'il n'exige plus de leur part la moindre attention et qu'ils l'exécutent machinalement, si chaude que soit la discussion, si rapide que soit la course auxquelles la fileuse ou le fileur prennent part.

Le tissu obtenu n'est jamais apprêté ; il répond très bien aux exigences d'un climat où tout vêtement ajusté est une gêne. Lâche, molle, suffisamment épaisse pour former une légère couverture, cette étoffe tient assez au corps pour ne pas glisser de dessus les épaules, comme le fait la pièce de calicot apprêté issue de nos fabriques. Étant donné que les étoffes de laine seraient le plus souvent trop chaudes pour le pays, cette grossière étoffe de coton est celle qui convient le mieux pour la fabrication des burnous, boubous, robes, pantalons bouffants et tous autres vêtements dont la caractéristique est d'être flottants et peu épais.

La teinture. — La teinture se fait presque exclusivement avec l'indigo. La plante, épaisse et grasse comme du pourpier, pousse dans toute la vallée du Niger moyen.

On trouve autour de plusieurs villages des fosses circulaires, parfaitement revêtues en argile plastique et étanches, où l'on dispose les étoffes dans le bain d'indigo. Toutefois, les étoffes teintes sont de moins en moins recherchées à mesure qu'on monte de la mer vers le nord. A la côte, un boubou tout blanc est une exception ; à hauteur de Boussa, il y a autant de vêtements bleus que de blancs ; au-dessus de Saye presque tout le monde est en blanc, à l'exception des Touareg, qui portent un litam noir.

Les indigènes fabriquent également des nattes avec des bandelettes de végétaux suffisamment raides et plates. Ces nattes, destinées soit à les abriter du soleil, soit à leur servir de couche, forment des surfaces assez lustrées pour que la pluie ne les détrempe pas et pour qu'on puisse s'asseoir et s'étendre dessus sans trop les tacher. Elles suffisent pour isoler le corps des petites aspérités du sol. Nous en avons tous fait usage pour coucher par terre, et elles fournissent à tout le monde, même aux Européens, les surfaces les plus fraîches et les plus saines sur lesquelles on puisse s'étendre pour passer la nuit. Elles sont décorées au moyen de motifs d'une extrême simplicité, losanges, triangles, carrés dans l'assemblage desquels les nègres croient faire œuvre d'artistes consommés. Ces dessins s'exécutent avec des pailles de différentes teintes, blanches, rouges et bleu-noir. Quelques-unes de ces nattes fabriquées en carrés de 30 centimètres de côté, et montées sur des hampes, forment de minuscules drapeaux qu'on emploie partout pour s'éventer. Ceux qui nous étaient offerts portaient généralement les trois couleurs dont je viens de parler, et les indigènes affectaient de les tenir eux-mêmes à la main, à l'exclusion de tous drapeaux-éventails d'une autre couleur, afin de manifester par là leur dévouement à notre pavillon national.

L'industrie du *fer* occupe au moins un forgeron dans tous les villages dépassant un millier d'habitants. Cet ouvrier jouit généralement d'une grande considération; il est le conseiller habituel de presque tous les grands chefs. Assisté d'un aide qui manie à deux mains deux soufflets formés chacun d'une peau de bouc, il travaille non seulement le fer, mais tous les métaux plus ou moins précieux qui viennent à sa forge. Dans la considération dont il jouit entre un peu de la superstition qu'inspiraient les alchimistes et de l'estime en laquelle nos anciens rois tenaient leurs argentiers. L'occupation la plus habituelle des forgerons consiste dans la fabrication et la réparation des mors de brides, des fers de pioches, des pointes de flèches ou de lances, des clous doubles employés dans la batellerie, des hameçons et des harpons qui arment l'extrémité des fouènes. Ils reçoivent du commerce le fer sous forme de feuillard de 2 à 3 millimètres d'épaisseur, ou bien ils le produisent eux-mêmes en traitant le minerai si abondant dans leur pays par le charbon de bois, au moyen d'un procédé analogue à notre méthode catalane.

Quelques indigènes ont la bonne fortune de pouvoir faire cuire leurs aliments dans des vases métalliques, mais les marmites que le commerce leur apporte sont fort chères et bien rares sont les forgerons capables d'en fabriquer. Le plus grand nombre des noirs est donc obligé d'avoir recours, pour la cuisson des aliments, à la poterie de terre. Les vases provenant de cette poterie sont eux-mêmes très recherchés, et les bateliers viennent depuis Ilo jusqu'à Yaourie, à travers les dangers d'un pays perpétuellement en état de guerre, pour y acheter des écuelles ou des marmites. Le prix d'une petite marmite de fabrication indigène sur le marché de Yaourie est le même que celui d'un pagne de coton de 4 mètres carrés.

Je signale à dessein ce grand besoin d'ustensiles de cuisine, parce qu'il semble qu'une poterie de fer composée d'objets de forme simple (hémisphériques) et s'emboîtant pour le transport les uns dans les autres serait un article d'importation rémunérateur.

On place écuelles ou marmites de terre ou de fer sur de petits fourneaux portatifs en terre cuite qu'on achète à Kirotachi ou à Yaourie. Ils coûtent un peu plus cher que la marmite qui leur est appropriée.

La corderie tient naturellement une place assez sérieuse dans les usages de peuplades qui tendent des filets, lancent des lignes à grande portée et emploient la corde comme moyen de liaison de toutes leurs pièces de batellerie. Chaque batelier, chaque pêcheur tord lui-même les mèches de chanvre dont il fera d'abord les ficelles, puis des cordelettes, puis des câbles. La matière première de ces fibres est extraite soit du baobab, qu'il suffit d'éventrer jusqu'à l'aubier pour obtenir de la filasse, soit d'une espèce de chanvre analogue au *cannabis indica* qui est cultivé autour de Gomba. Je crois que cette culture du chanvre à laquelle le sol gras et frais de la vallée du Niger paraît parfaitement convenir, serait susceptible de recevoir un grand développement. On sait en effet quel prix atteint la bonne corderie de chanvre sur les marchés d'Europe. Cette fabrication trouverait des débouchés immédiats dans tous les ports du monde.

La construction de bateaux, nous l'avons dit, est une industrie très développée sur les bords d'un grand fleuve qui demande des embarcations pour la pêche ou pour les transports. Ces embarcations sont de trois types différents, suivant le segment du fleuve où nous les avons rencontrées.

Le premier type appartient au bassin inférieur du Niger. Au-dessous des rapides de Boussa, depuis Arenberg jusqu'à la mer, le fleuve traverse des régions soumises au climat équatorial et marin où abondent des arbres gigantesques. Certains de ces arbres peuvent fournir, lorsqu'on les creuse, des pirogues dont la capacité dépasse 15 mètres de long sur 1 m. 20 de large. Dans la région du delta, ces pirogues atteignent encore de plus grandes dimensions; elles se terminent par un avant effilé, par un arrière un peu aminci; leurs bords sont parfois exhaussés au moyen de planches; on en rencontre fréquemment qui chargent dix à douze tonnes. On a vu même certaines pirogues de ce type porter, en outre de leurs rameurs, jusqu'à cent guerriers et plusieurs pièces de canon. C'est l'une d'elles qui coula, dans une des branches du delta, l'embarcation des frères Lander, amenée par eux du pied des rapides jusque dans le Niger maritime. Celles de la région comprise entre Onitcha et le pied des chutes sont à dimensions plus modestes. Taillées dans un seul tronc d'arbre, elles dépassent rarement 15 mètres et peuvent porter 3 à 4 tonnes. Elles sont coupées camuses à l'avant et très larges à l'arrière où elles se relèvent par une sorte de palette plane ou de table, poste du pilote d'arrière.

Bien qu'il paraisse très simple de creuser un tronc d'arbre pour en faire un bateau, la fabrication de pareilles embarcations exige néanmoins une certaine expérience. La plupart des bois sont en effet beaucoup plus durs au centre du végétal qu'à la périphérie; le batelier commence donc par rechercher ceux des arbres qui ont le cœur le plus tendre et l'aubier le plus dur ; or les arbres de cette nature sont assez rares, et quand il s'en trouve, ils sont souvent loin du fleuve, de façon que le trans-

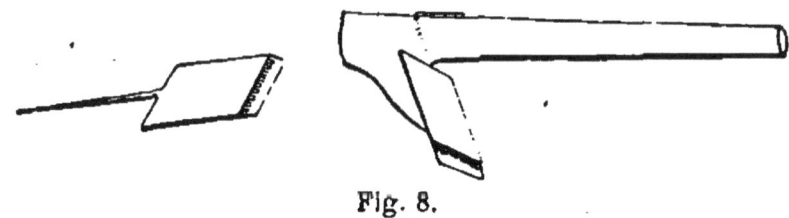

Fig. 8.

port de la pirogue une fois construite présente des difficultés considérables.

L'opération du creusement se fait soit au moyen du feu, soit à l'herminette [1], soit en employant d'abord le feu, puis l'herminette.

Le feu demande à être conduit avec une grande circonspection, car la plupart des bois inégalement chauffés dans leur masse se fendillent de manière à compromettre sérieusement l'étanchéité du futur bateau.

1. L'herminette est à proprement parler une pioche à bois. Maniée par un ouvrier qui s'en sert pour creuser un bloc quelconque, elle taille à chaque coup un élément d'une surface sphérique ayant pour centre la main de l'ouvrier. Elle est donc précieuse pour quiconque travaille à l'intérieur de l'objet qu'il veut entamer. Les foudriers n'ont pas de meilleur outil pour remettre à neuf l'intérieur des grands tonneaux ; le creuseur de pirogues, qui fait un travail analogue, est dans le même cas.

L'herminette est manœuvrée avec une remarquable habileté par tous ces charpentiers qui finissent par obtenir de véritables surfaces planes au moyen de ce rudimentaire instrument.

Les pirogues du type numéro 2 se fabriquent à Ilo. Elles naviguent depuis Saye en amont jusqu'à Egga en aval. Les charpentiers qui les construisent suppléent par un incroyable talent à l'absence des grands arbres que leur pays ne produit plus. A coups d'herminette, ils fabriquent des becs d'avant et des becs d'arrière ; avec l'herminette encore, ils dressent les surfaces de raccord entre ces différentes planches, les becs et les pièces d'angle qu'ils taillent d'un seul morceau. Toutes ces pièces assemblées jointivement forment un ensemble à peu près étanche. Les planches sont reliées entre elles par des cordelettes qui passent de l'une à l'autre au travers de trous de suture qu'elles obstruent complètement.

La liaison s'achève au moyen de clous doubles découpés en U dans des feuilles de tôle. Le batelier qui a deux planches à relier enfonce l'une des branches de cet U dans une planche, l'autre branche dans l'autre planche. Tout le long des joints est ainsi disposée une ligne de clous doubles formant comme une couture d'agrafes métalliques. L'embarcation qu'on

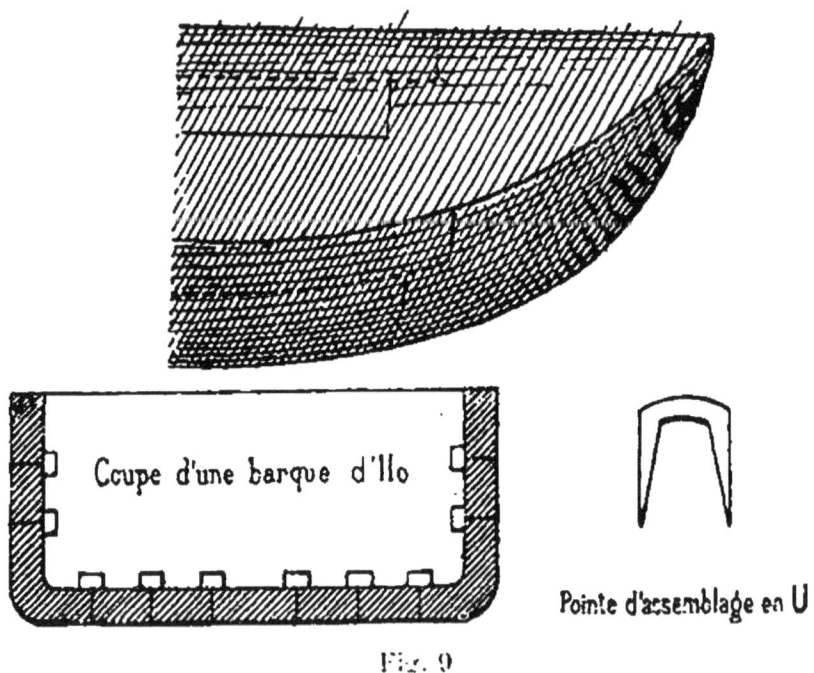

Fig. 9

obtient par de pareils moyens de construction est plus grande, plus maniable, plus logeable et plus légère que les embarcations découpées dans les plus grands arbres du Niger équatorial. Il n'y a à l'intérieur aucune charpente, aucune courbe, aucun arc-boutant. Tout se tient par la perfection de l'ajustage, et on peut juger du talent mis au service d'un tel travail par ce fait que nos barques d'Ilo, mesurant 1 m. 60 de large sur 13 mètres de longueur, ont été manœuvrées pendant plus de 1 500 kilomètres, sans se rompre, par nos laptots qui étaient les plus brutaux et les plus maladroits des mariniers du fleuve.

Troisième type. — A partir de Saye on ne rencontre plus que des pirogues formées de deux morceaux. Deux arbres de dimensions moyennes, creusés tout à l'herminette, servent à les réaliser. Ces deux troncs sont juxtaposés par leurs gros bouts qui se réunissent pour former le ventre de la pirogue, tandis que leurs petits bouts très effilés forment les deux extrémités d'avant et d'arrière.

La réunion des deux troncs se fait par une couture au moyen de cordes de trois à quatre millimètres de diamètre. On comprend que, pour obtenir l'étanchéité, il faille laisser au point de suture une grande épaisseur de bois. Aussi cette construction est-elle assez grossière.

On obtient le serrage des cordes en plaçant au raccordement des deux sections un faisceau de paille sèche que l'on mouillera plus tard pour la faire gonfler, puis on bourre du côté extérieur de l'étoupe sèche et de la terre glaise pour mastiquer, calfeutrer la jointure très béante existant entre les deux troncs.

Naturellement une pirogue de ce type est très faible en son milieu. Elle ne se tient qu'à condition de porter également sur toute sa longueur dans l'eau. Si elle est surchargée à l'une de ses extrémités, si elle grimpe sur un écueil, si on la tire à terre et qu'une portion notable de sa longueur reste et porte à faux, l'embarcation se rompt en deux dans le milieu de sa longueur. C'est un accident qui nous est arrivé maintes fois. Il ne demande que deux à trois heures pour être réparé, quand on a sous la main de bonnes cordes, de bonne paille et du coton.

Ces pirogues offrent peu de logement, mais comme elles ont une grande longueur (15 à 40 mètres), qu'elles sont très effilées, on peut, en mettant des pagayeurs tout le long des deux bords, obtenir de grandes vitesses. Ce sont des pirogues excellentes pour des déplacements rapides dans lesquels on ne recherchera pas ses aises.

A la fabrication des embarcations se rattache le découpage des pagaies.

Celles des bateliers du Niger moyen sont d'un travail beaucoup plus soigné que celles de la côte. Elles sont larges, longues, fines et élastiques; le bois en est très dur. Les bateliers les soignent amoureusement, et elles atteignent une grande valeur quand elles sont bien réussies. C'est Yaourie qui est le marché le mieux pourvu de ces engins. Elles affectent en général la forme d'une plume d'oie, dont le tube serait le manche de la pagaie, et les pennes, la palette. Comme une plume, la pagaie est renforcée tout le long de la palette par une nervure taillée dans le bois. Les belles pagaies de Yaourie ont des palettes de trente centimètres de large et de 1 m. 20 de long, bien qu'elles ne pèsent guère plus de deux kilog.

Le commerce. — Dans presque tous les pays que nous avons parcourus, l'homme trouve dans les productions du sol tout ce qui lui est indispensable pour se nourrir et pour se vêtir. Comme il n'a guère d'autres besoins, le commerce qui aurait pour but de satisfaire ses appétits de pur superflu, et qui est d'ailleurs contrarié par l'insécurité générale et par l'absence de moyens de communication, est encore fort peu développé. Il ne faut pas prendre au sérieux les hyperboles de quelques voyageurs qui, tout étonnés de rencontrer dans les régions inhabitées du Soudan quelques Dioulas chassant devant eux une vingtaine de bourricots, crient merveille *au sujet des caravanes qui sillonnent le pays*. Avec tout ce qui se transporte dans tous les sens dans la boucle du Niger, soit sur la tête des porteurs, soit sur le dos des bêtes de somme, on ne chargerait pas chaque année deux grands bateaux transatlantiques. J'ai déjà dit que tous les indigènes fabriquaient eux-mêmes leurs vêtements; il n'y a donc pas sur les étoffes de trafic à grande portée. On ne voit guère circuler non plus les ustensiles de première nécessité en fer qui seraient pourtant si bien accueillis.

Restent les condiments et les friandises; en première ligne le sel, puis la kola. Je ne citerai que pour mémoire, parce qu'on ne les rencontre sur les marchés qu'à titre de curiosité, le sucre, le café et le papier. En somme, à l'exception des caravanes d'esclaves, les seules marchandises qui fassent mouvement au travers de la boucle du Niger sont le sel et la kola.

Le sel vient de la mer, soit par les stations de la côte, soit par les bateliers qui remontent le Niger. Le sel importé en sacs par la Compagnie royale remonte jusqu'à Ilo et se répartit à droite et à gauche du fleuve le long des routes transversales qui aboutissent au Niger. Il s'étale sur tous les marchés en petits tas de 2 à 3 centilitres d'un produit très pur, très blanc et très fin.

Dans les marchés qui s'approvisionnent aux stations de la côte desservies par les Français, on trouve un sel tout différent. C'est celui que nos navires chargent à Port-de-Bouc [1]. Il est gros, gris, à cristaux anguleux. A volume égal, il fournit plus de salure que l'autre et est en conséquence plus estimé.

Au-dessus d'une ligne qui partirait de Gaya pour se diriger vers Bamakou, on trouve du sel provenant de l'intérieur de l'Afrique et qui voyage sous la forme de saumons de 20 à 30 kilog. Ce produit très impur, souvent chargé de sel magnésien et de matières organiques, est apporté de Sokoto à Kirotachi, où s'approvi-

---

1. Petit port voisin de l'embouchure du Rhône.

sionnent tous les riverains du Niger, de Zinder à Karoumama. Il est probable que d'ici peu d'années ce produit fera place au sel apporté par nos commerçants.

La kola n'est cultivée jusqu'ici qu'à la côte, surtout aux environs de Sierra-Leone, de Konakri et du Foutadjalon. Ce fruit est si estimé des noirs qu'ils prennent pour le transporter des précautions infinies, l'entourant de feuilles fraîches constamment renouvelées, afin de l'empêcher de pourrir ou de se dessécher. Les quelques commerçants qui reviennent de la côte ne chargent guère leurs bêtes de somme qu'avec des marrons de kola. Quant à savoir au juste quels éléments d'échange ils ont apportés à la côte, c'est ce qu'il ne m'a pas été possible d'approfondir, ou plutôt, je suis trop certain qu'ils n'ont rien apporté au marché que des esclaves. Sans doute leur bétail humain n'a pas été embarqué dans les ports pour l'Amérique, mais à une faible distance, dans l'hinterland de nos colonies européennes, ils ont trouvé des richards prêts à les payer en marchandises du pays, c'est-à-dire en kola.

Toutefois si le commerce ne comporte que

deux articles principaux, le sel et la kola, il faudrait bien se garder de conclure qu'il en sera toujours ainsi parce que les noirs n'ont pas de *besoins*. Ce qui est vrai, c'est que le commerce ne peut se développer pour le moment parce que les noirs n'ont pas le *moyen* de se payer du superflu. Lorsque des moyens de communication leur permettront de recevoir d'autres denrées plus lourdes, lorsque surtout les éclaireurs de notre armée commerciale auront découvert chez eux des produits susceptibles de s'échanger avec les nôtres, on verra se produire ce qui se produit actuellement à la côte, où, malgré les difficultés d'atterrissage résultant de la barre, il se fait un commerce d'un million par an par chaque lieue de rivage. Les Dahoméens n'ont pas d'autres besoins naturels que les Baribas ou que les Peuhls. Peut-être même en ont-ils moins, mais ils se sont créé des besoins artificiels au fur et à mesure que leur pays leur a fourni, en éléments d'échange, les moyens de les satisfaire. Le goût des liqueurs fortes, celui du tabac, des jolies étoffes, des broderies, des chaussures, des armes, de la poudre, de la coutellerie, des clinquants et même, le croirait-on?

des meubles d'appartement, a suffi pour les pousser à demander à l'Europe, chaque année, juste autant de produits qu'ils avaient le moyen d'en acheter. On doit donc attendre le développement du commerce de ce pays, et espérer qu'il se produira à la suite des recherches qui feront découvrir dans l'hinterland du Dahomé des produits échangeables inconnus ou inexploités.

Les voyages. — Il peut paraître bizarre de voir classer les voyages parmi les usages d'un pays où l'insécurité est générale et où, nous venons de le dire, le commerce n'a pas d'aliments. Mais c'est un fait qu'il faut constater, on voyage beaucoup dans la boucle du Niger ; il y a une sorte de circulation permanente sur tous les sentiers de la brousse ou de la forêt depuis le golfe de Guinée jusqu'au Sahara.

Si l'on recherche les raisons qui poussent ainsi l'homme à parcourir, au prix de fatigues et de privations certaines, au prix de dangers très probables, des espaces considérables, ce n'est pas l'amour du négoce que l'on doit placer en première ligne. J'imagine que le grand moteur de tous ces vagabonds est le *besoin de connaître* qui ne peut s'assouvir, comme cela a lieu chez nous, par la lecture des livres ou des journaux. Sous toutes les latitudes, l'homme est curieux de nouvelles, chercheur aussi de ce qui, connu des autres, serait nouveau pour lui. Des paysans ou des paysannes de France, gens très laborieux, font chaque semaine jusqu'à trente kilomètres pour venir au marché, alors même qu'ils n'auraient rien à y vendre, rien à y acheter. Eux qui ne dépenseraient pas deux sous pour acheter une tablette de chocolat, perdent ainsi une journée de deux francs, sans compter l'usure de leurs chaussures, de leurs vêtements et le prix du repas qu'ils prendront à la ville. Ils ont besoin de voir d'autres hommes et de causer.

Ce besoin de voir ses semblables et de s'informer pousse les nègres, dont le temps est d'ailleurs beaucoup moins précieux que celui de nos paysans, à circuler sans cesse d'un village à l'autre. Constamment, au cours de notre voyage, nous avons rencontré des gens que nous avions vus ailleurs et qui, interrogés sur les motifs de leur changement de résidence, ne savaient véritablement quoi répondre. Pour un oui, pour un non, pour un rien, des hommes et des femmes quittaient leur village pour se mettre en route à notre suite et s'associer à notre voyage, bien que ce voyage fût loin d'être un voyage d'agrément.

En outre de ce besoin universel qui pousse l'homme à la recherche de connaissances nouvelles, les pèlerinages et les voyages de prosélytisme musulman sont une cause fréquente de déplacements dans la boucle du Niger. Un musulman fraîchement converti voyage plus qu'un fétichiste ou même qu'un musulman héritier de la foi de ses pères. C'est que l'homme qui vient d'acquérir une croyance nouvelle se sent immédiatement grandi, il éprouve le besoin de se prodiguer, de se faire voir, de se faire entendre. Comme de jeunes mariés qui veulent promener leur bonheur, comme un parvenu qui tient à voyager, non pas pour voir, mais pour être vu, dans sa gloire de gros dépensier, le néophyte musulman a la satisfaction de se sentir admiré, de se sentir en tout cas supérieur, au moins en matière de dogme, à tous les Keffirs chez lesquels il va promener son importance de catéchumène.

Les tirades qu'il a apprises en les écoutant bouche bée, en y comprenant fort peu de choses sinon que c'était fort beau, il va les répéter de village en village avec la satisfaction intime de sentir autour de lui des auditeurs attentifs, anxieux et sincèrement admiratifs. Il faut avoir vu ces Cheurfa [1] se griser de leurs propres paroles et de l'attention muette des foules qui les écoutent, pour comprendre l'attrait que peuvent inspirer ces voyages de prosélytisme.

Quel que soit le motif de son déplacement, le nègre voyage rarement seul, et alors même qu'il aurait entrepris un pèlerinage à la Mecque et que personne de ses amis ne doive l'accompagner jusqu'à sa destination définitive, il organise son voyage de façon à marcher toujours de compagnie avec d'autres noirs qu'il prendra dans un village et quittera après quelques jours dans une nouvelle localité, pour se joindre encore à une nouvelle caravane.

Ces mouvements incessants de personnes ont sillonné la boucle du Niger d'un réseau de pistes damées et entretenues par les pieds des voyageurs. Le long de ces pistes sont répartis, avec la même précision que sur la carte de l'État-

---

1. Cheurfa, pluriel de Cherif.

Major français, des gîtes d'étapes séparés les uns des autres par la distance qu'un groupe de voyageurs peut parcourir dans une journée. De même qu'en France on sait que telle longue étape est coupée par une grand'halte en tel endroit, de même les routes d'étapes de la boucle du Niger sont jalonnées par des points remarquables où il est de tradition que les voyageurs s'arrêtent pour se reposer un peu, pour boire et pour manger. L'arbre qui marque la moitié de la distance entre deux gîtes consécutifs est toujours connu et signalé au passage; on sait que la traversée de tel ruisseau imposera un arrêt et que c'est là qu'on fera un long repos. Tous les guides, et aussi tous ceux qui savent causer avec eux, peuvent se mouvoir sur ces pistes avec une précision comparable à celle qu'on obtient sur une route kilométrée.

D'autres conditions favorisent encore les voyages. C'est d'abord l'existence de saisons bien définies, la presque certitude, par exemple, qu'on a, en partant au mois de janvier, de ne point recevoir de pluie pendant près de trois mois, de trouver tous les chemins praticables et presque toutes les rivières guéables. En outre la facilité qu'on a de coucher par terre, sans être une gêne pour son hôte, sous un abri sommaire ou même sous un arbre, supprime pour le voyageur une occasion de dépense qui est souvent un obstacle en Europe. Enfin, l'absence de moyens d'écoulement pour toutes les denrées et notamment pour les vivres, fait que, dans les années où la récolte a été bonne, on trouve des récoltes en excédent partout et que, par conséquent, le voyageur peut être nourri presque pour rien, souvent pour le simple plaisir de l'entendre raconter d'où il vient et ce qu'il a vu.

Dans les mauvaises années, s'il y a disette dans un pays, les voyageurs savent qu'il ne faut point y passer, mais dans tous les cas ou bien on ne voyage pas ou bien on voyage pour rien. Dans ces conditions, les noirs qui ont l'habitude d'être servis, soit par leurs femmes, soit par leurs esclaves, n'ont aucune raison de se priver d'emmener les unes comme les autres : femmes et esclaves grossissent ainsi le nombre de gens en circulation. Comme les esclaves ont souvent une origine différente de celle de leurs maîtres, ils servent d'interprètes dans les pays étrangers où ils rencontrent quelqu'un de leurs nationaux. Une maladie, un caprice font parfois rester dans un village un membre d'une famille en déplacement; ainsi s'explique que dans les moindres villages on trouve des gens venus de tous les pays, et qu'on n'y soit pas pris au dépourvu pour s'y faire comprendre.

Les visites. — Indépendamment des voyages qui établissent des relations de peuple à peuple ou de village à village, le besoin de fréquentation des noirs entre eux amène les gens d'une même localité à voisiner constamment et à se faire des visites où l'esprit de cérémonie, de simple politesse, l'affection, la curiosité ou le plaisir du commérage ont chacun leur place. Il est très rare qu'on trouve un noir tout seul chez lui. Ou bien il est parti voir un de ses compatriotes, ou bien il est chez lui et alors plusieurs de ses amis sont réunis avec lui. Aussi n'est-il pas de pays où les hommes d'une condition plutôt humble soient mieux renseignés sur les devoirs réciproques incombant aux gens qui se doivent des visites. Tandis que, même dans notre classe bourgeoise, on éprouve quelques difficultés à se mettre au courant de ce petit protocole, le moindre paysan nègre sait quand il convient de rendre ou de recevoir une visite. L'absence d'appartements clos et le sentiment généralement répandu que le besoin de connaître des nouvelles est naturel et légitime, fait que la plupart des conversations échangées par les visiteurs entre eux sont entendues religieusement, recueillies et colportées par tout venant. Les femmes, les enfants, les esclaves viennent, le plus souvent sans qu'on s'en irrite, former un cercle d'auditeurs dès qu'un étranger entre dans la maison du chef de famille. L'habitude d'échanger ainsi publiquement ses pensées contribue à faire observer une certaine dignité.

Aussi l'art de la parole est-il pratiqué avec une assiduité qui mène au succès dans des couches sociales où l'on ne s'attendrait pas à rencontrer des préoccupations de cet ordre. L'absence de livres et même de manuscrits, en rendant l'usage de la parole indispensable, donne partout la prééminence à ceux qui savent bien s'en servir; aussi n'est-il pas rare de trouver des nègres éloquents. D'autres font preuve, dans la discussion, des aptitudes et de l'entraînement d'un véritable *debater*. Comme chez les Romains, comme chez la plupart des peuples anciens, l'influence s'obtient uniquement par la parole en temps de paix, par l'épée en temps de guerre, et comme on est bien rarement en état de paix durable, ce sont les hommes qui réunissent sur leur tête ces deux qualités, la bravoure et l'éloquence, qui sont le plus souvent à la tête de leurs concitoyens. Ce mode de recrutement des dépositaires de l'autorité, sorte de concours où la parole, l'action et le caractère sont estimés chacun avec son coefficient, donne en somme d'excellents résultats et ce sont le plus souvent les meilleurs qui sont en même temps les chefs. Il n'en est pas partout de même, ou du moins au même degré.

CHAPITRE VI

Les mœurs.

Caractères des populations. — La vie journalière. — La justice. — La religion. — Le langage et l'écriture. — La danse. — La musique.

Nous avons défini ailleurs, et en passant, les caractères des différentes populations que nous avons rencontrées. Rappelons seulement que le Dahoméen (Djège) est propre, discipliné, bon militaire dans le sens prussien du mot; que les Nagos sont plus sales, plus bavards, plus industrieux, plus riches, plus prolifiques; que les Baribas sont plus indisciplinés, plus belliqueux, plus guerriers, plus cavaliers, plus joueurs, plus débauchés; que les Peuhls, confinés dans leur rôle de pasteurs, diminués moralement par l'esclavage subi depuis de longues générations, sont les plus fins, les plus rusés et aussi les plus vicieux des nègres que nous avons rencontrés; qu'enfin les Touareg émergent de la médiocrité générale, non seulement parce qu'ils sont blancs et que les autres sont noirs, mais parce qu'ils possèdent des qualités qui, même parmi les blancs, leur assureraient un prestige certain.

La vie journalière est, en général, chez tous ces peuples, à l'exception des derniers, consacrée au travail des champs entrecoupé, plus qu'il ne l'est en Europe, par de nombreux temps de repos. Pendant que le mil ou le maïs forment leurs épis chacun se livre, soit à des occupations sédentaires, comme la filature et le tissage du coton, soit à des distractions telles que les voyages, les visites et les causeries dont nous avons déjà parlé. Le jeu exerce, là aussi, ses ravages comme partout ailleurs. Pour jouer sur la rouge et la noire, il suffit d'un haricot rouge et d'un haricot noir, et les Baribas passent des soirées entières à agiter dans des cornets des haricots rouges ou noirs.

Un passe-temps qui n'exige qu'un seul exécutant pour faire beaucoup de divertis, est le tamtam, peau d'âne tendue sur un cercle, qu'un virtuose frappe à coups redoublés d'une baguette, des doigts et même du coude. L'esthétique nègre ne paraît pas, en matière musicale du moins, redouter la monotonie, car un tambourinaire qui a adopté un motif le répète indéfiniment, toujours sur le même mode pendant des heures entières, et ni l'exécutant ni les assistants ne paraissent éprouver de fatigue de cette répétition. Bien plus, tout au contraire, leur intérêt, leur excitation paraissent croître à mesure que ce plaisir — si c'est un plaisir — tend à se prolonger. Si le tamtam se met en marche, il entraîne à sa suite une cohue tellement grisée par les sons de l'instrument qu'il n'est pas rare de voir ces suggestionnés tomber dans des trous sans s'en apercevoir. C'est le tamtam que suivront, sans aucun égard pour le danger, les guerriers de Zinder ou de Lamordie. Des nègres qui se disperseraient au premier coup de fusil, s'enhardissent derrière un tambourin jusqu'à se faire brûler la barbe par des feux de section.

Si le joueur de tamtam reste immobile sur

une place de village, il est vite entouré d'une foule qui peu à peu organise une sauterie. Quelques peuplades accompagnent le tamtam d'un instrument à cordes, d'autres, d'une espèce de concert vocal où naturellement tout le monde chante à l'unisson sur un ton monocorde bien connu de ceux de nos compatriotes qui ont entendu, dans la dernière exposition, les concerts de la rue du Caire. Il n'y a que chez les Mahis que le chant prend une forme vraiment musicale et nous n'avons retrouvé nulle part les véritables concerts en deux parties que nous donnaient, tout le long du chemin de Savé à Tchaourou, les femmes des villages venant acclamer sur notre passage les frères des vainqueurs de Behanzin.

Beaucoup de voyageurs ont été frappés comme nous de l'excitation extraordinaire produite chez les nègres par l'incessante répétition des motifs embryonnaires que nous avons signalés. Quelques-uns en ont conclu que, du moment que nous n'apercevions pas la beauté enivrante d'un morceau de tamtam ou de balafon, c'est que nous avions un sens musical moins développé que les nègres; ceux-ci étant capables de découvrir des raisons de ravissement là où nous n'en trouvons pas, devaient être mieux doués que nous. C'est une erreur, et après l'avoir partagée, j'ai pu m'en défaire en constatant que si les nègres raffolent de la monotonie du tamtam ou du balafon, c'est que, ne connaissant rien de mieux, ils se contentent de peu. La preuve, c'est que, si on leur joue un morceau de musique extrêmement simple, il est vrai, mais d'une valeur musicale incontestablement supérieure au rantanplan de leur tamtam, si si on leur fait seulement entendre par exemple une marche de clairon, tous abandonnent immédiatement le tamtam pour se ranger, avec une enthousiaste admiration, derrière le clairon. Vingt fois nous avons fait cette expérience, vingt fois elle a réussi et pas un de nos auditeurs n'a manifesté, en présence de la « Casquette du père Bugeaud », par exemple, qu'il préférât un ronflement de tamtam, sous prétexte qu'ils y trouveraient des joies inaccessibles à nos oreilles de barbares.

Si la musique se réduit le plus souvent à un rythme, il ne faut pas s'étonner qu'elle engendre presque toujours la danse. De même que la musique, la danse est donc très répandue aux pays noirs. J'ai vu danser depuis la côte jusque chez les Baribas.

Aucun navire ne s'arrête dans une escale sans qu'on propose aux passagers d'aller le soir au village noir pour y voir danser. Mais la plupart de ces danses de la côte sont assez grossières, si on les compare aux figures élégantes par leur ensemble et par la grâce des mouvements individuels que nous ont montrées les danseurs et les danseuses mahis.

A Paouignan ce fut un véritable bal costumé, chacun des figurants ou figurantes ayant revêtu soit des attributs spéciaux, soit des pagnes de couleurs variées destinés à produire un effet agréable et harmonieux à l'œil dans les mouvements d'ensemble. Il m'a semblé que dans les pays musulmans du nord la danse était moins répandue. Est-ce la ferveur religieuse qui proscrit ces amusements profanes? N'ai-je point plutôt mal vu? Etant malade, j'étais certainement plus triste et plus morose que pendant ma marche depuis la côte jusqu'au 10° degré, et la couleur un peu sévère sous laquelle j'ai vu tous les pays du nord ne tenait-elle point à cette raison subjective qui fait dire aux vieillards de tous les pays et de tous les temps : « Aujourd'hui la jeunesse ne sait plus s'amuser comme de notre temps » ?

Le langage et l'écriture. — Nous avons déjà dit qu'on parle beaucoup et même qu'on parle bien, mais qu'on écrit fort peu. Cette inaptitude est complète chez les fétichistes, chez lesquels on ne trouve pas même de roi ni de secrétaire de roi capable de signer son nom. Bien plus, Dahoméens, Mahis, Nagos et même Baribas paraissent ignorer ce que c'est que signer. Aucun ne semble se rendre compte que l'écriture n'est qu'une manière de rendre la parole durable et transmissible. Pour eux, c'est toujours un art cabalistique, plein de sortilèges et de maléfices, qui aboutit à la création de fétiches souvent redoutables et rarement bienfaisants. Les Cheurfa qui font des tournées en pays fétichistes usent et abusent de la superstition dont l'écriture est l'objet pour se faire grassement payer toutes sortes de simagrées dont la base est toujours un verset du Coran ; c'est le verset inintelligible, toujours le même, qui sera employé à toute occasion, qu'on mettra dans un sachet porté au cou comme un scapulaire afin de se garantir des balles et de la morsure des serpents.

D'autres fois, après avoir écrit le même verset sur une planche, on lavera cette planche avec de l'eau bouillante et on oindra la tête d'un client malade de la migraine; tel autre qui a la colique boira un verre d'eau de cette décoction. Quel que soit l'objet de cette industrie, elle rapporte beaucoup à ceux qui l'exercent, mais personne n'a l'idée d'utiliser leur talent pour rédiger sa correspondance. A partir d'Ilo, on rencontre des gens qui savent signer; à Saye, on peut faire lire une lettre en arabe, on trouve des secrétaires capables de rédiger et d'écrire un traité, une lettre politique et, à plus forte raison, une correspondance privée. Plus au nord encore, chez les Touareg, l'instruction est, nous l'avons vu, très développée. Que l'écriture soit connue ou inconnue, la parole n'en conserve pas moins une influence qu'elle ne possède pas dans nos sociétés. Tout se décide à la suite de discours et rien ne se fait sans qu'on ait préalablement et longtemps discouru.

Au contraire de ce qui se passe chez nous, ce n'est pas dans les questions judiciaires que la rhétorique se donne le plus librement carrière. Tandis que nos tribunaux sont presque les seuls locaux de chacun de nos arrondissements où l'on fasse des discours, la justice des nègres réclame moins d'éloquence que la gestion des affaires publiques d'un simple village. L'appareil de cette justice est toujours très simple, très patriarcal, et j'ajouterai, quoique cela puisse surprendre quelques-uns, très humain. Les grandes tueries qui suivent la prise d'assaut d'une ville, tueries qui paraissent une des nécessités de la guerre en pays noir, n'ont pas développé la férocité des indigènes au point de l'introduire jusque dans leurs mœurs judiciaires.

Je n'ai pas vu mettre d'accusé à la question, je n'ai vu ni fustiger, ni décapiter personne par arrêt de justice. On impose au coupable une amende, on le met aux fers pour quelques jours et cela suffit le plus souvent pour maintenir dans l'honnêteté des peuples qui ne paraissent pas naturellement vicieux. Pourtant, j'ai vu, en passant à Kayoman, exposée au bout d'une perche la tête d'un voleur qui avait été exécuté par ordre du roi [1] ; mais d'une manière générale, les nègres ont horreur des punitions et surtout des punitions violentes. Je doute que l'on fasse rien de bon avec nos Sénégalais en les rouant de coups.

Je me suis trouvé un jour dans l'obligation de faire passer aux verges un batelier bariba qui, chargé de veiller la nuit sur nos embarcations, en avait laissé couler une, faute de quelques coups d'écope. Si pareille négligence s'était renouvelée trois fois, nous aurions été réduits à la mendicité ou, qui pis est, au pillage. Bien que la punition infligée à Sidi fût relativement douce, elle plongea tous mes gens dans une véritable stupeur et j'ai eu la conscience qu'ils étaient, dans leur for intérieur, révoltés d'un acte de férocité dont jusqu'alors ils ne m'avaient pas cru capable.

Du reste cette douceur est dans les mœurs, car lorsqu'un plaignant a traduit devant un tribunal un accusé coupable envers lui des torts les plus graves, il intervient le plus souvent lui-

[1]. Le roi s'en est vanté à moi comme d'un acte digne d'un Blanc.

même pour demander le pardon de celui qui l'a offensé.

On ignore, dans toute cette contrée, ce que nous connaissons sous le nom de « Principe de la séparation des pouvoirs ». C'est presque toujours le roi ou le chef du village qui rend lui-même la justice, assisté ou non des principaux notables. Comme il est lui-même le gouvernement, il n'y a pas d'avocat du gouvernement et les parties en présence se composent simplement du plaignant et de l'accusé, chacun d'eux amenant ses témoins.

Dans certaines grosses villes, comme Porto-Novo, où l'encombrement de la population rend la découverte des délits plus difficile, il existe une sorte d'inquisiteur qui agit par délégation du roi. Lorsque les procédés d'investigation ordinaires sont restés infructueux, il a recours à un procédé de torture morale qui, grâce à une certaine ingénuité des justiciables, donne souvent des résultats. Il réunit en cercle tous ceux qu'il soupçonne et, se plaçant au centre, il se cache la tête sous un pagne au travers duquel il peut cependant apercevoir la physionomie des assistants; puis il lève au-dessus de leurs têtes un gigantesque bras entouré d'étoffe qu'il promène circulairement autour de lui en marquant un temps d'arrêt au-dessus de chaque assistant. La bête apocalyptique que, sous son déguisement, il est censé représenter, dispose d'un fétiche qui lui permet de voir au travers des âmes. Aussi tous les malheureux qui sont soumis à cette extraordinaire épreuve tremblent-ils dans leur peau ; mais celui qui se sent coupable est pris d'une terreur folle et quand le bras fatal s'arrête au-dessus de sa tête, il se sent perdu. Il n'est pas rare qu'il tombe à genoux pour avouer sa faute ; le bras de la bête de justice s'arrête alors sur lui pour mieux accentuer son triomphe, et chacun s'éloigne de plus en plus convaincu de la puissance du fétiche qui vient de découvrir le criminel.

On voit que si l'appareil de la justice n'est, en général, que très sommaire, que si le plus ou moins de sévérité des sanctions pénales dépend de l'appréciation du juge, il n'en existe pas moins un ensemble d'éléments moraux duquel il résulte que l'ordre est assuré et la justice rendue avec à peu près autant de chances d'erreurs que dans des systèmes judiciaires plus perfectionnés, et dans un esprit d'humanité indulgente qui paraît faire aux faiblesses des hommes une part raisonnable.

La religion. — D'ailleurs l'esprit religieux, qui n'est pas toujours l'esprit d'indulgence et de tolérance, est loin d'être développé chez les nègres du Dahomé et de son hinterland. Ceux de nos religieux qui s'y sont établis depuis longtemps constatent que leurs efforts s'adressent à des âmes rebelles à l'idée religieuse. Les indigènes ne les persécutent pas, ils les écoutent même volontiers, se conforment à leurs instructions lorsqu'ils apportent des renseignements utiles, mais ils ne sont point touchés par l'esprit chrétien. De même les musulmans qui pénètrent partout ne parviennent à leur faire accepter que les simagrées de leur religion, les salamalecs à tout propos, l'interdiction de certaine viande, et encore à condition que cette viande ne soit pas trop répandue dans la région, auquel cas ce serait une privation à laquelle leur peu de ferveur religieuse ne leur permettrait pas de se plier. Beaucoup de nègres qui se croient musulmans boivent de l'eau-de-vie; presque tous boivent de la bière. Il faut cependant faire exception pour les Peuhls qui, ainsi que je l'ai dit, sont d'une mentalité supérieure aux autres, et paraissent capables de s'enthousiasmer ou de se mortifier en vue d'un idéal d'ordre spirituel. Il est inutile de dire qu'aucun temple n'est élevé à aucune divinité, depuis le quatrième jusqu'au quatorzième degré. Est-ce réellement un hommage à des dieux quelconques que les informes statuettes fétichistes que l'on rencontre entre la mer et Abomé? Sont-ce bien à proprement parler des idoles que ces bonshommes en terre cuite affublés d'attributs grotesques? Il faudrait avoir pénétré plus avant que je n'ai fait dans certaines consciences dahoméennes pour pouvoir dire au juste si ce sont là des manifestations de l'idée religieuse, ou tout simplement des mystifications de quelques sorciers désireux d'entretenir la crédulité publique en érigeant des sortes de loups-garous permanents pour agiter et inquiéter les esprits.

Jusqu'au neuvième degré on ne peut guère s'apercevoir que des vérités supérieures aient été révélées aux indigènes. Dans tout le Borgou et jusqu'à hauteur de Karoumama, les gens ont entendu parler du Coran, mais pour eux toute la religion consiste en des fêtes où l'on fait bombance et d'où l'on revient complètement gris. Il est difficile de voir dans ces pratiques une preuve bien sérieuse de l'établissement de la religion musulmane.

Au-dessus de Karoumama, on rencontre de vrais musulmans. Et même beaucoup de nos camarades dénient à leurs simagrées, d'une hypocrisie manifeste, toute conviction profonde. Sans doute, comme dans toutes les religions, il est de vrais croyants et aussi des tartufes, mais l'hypocrisie même de la religion est encore un hommage qu'on rend à sa puissance, et en outre il est très difficile de distinguer le vrai croyant de celui qui feint de l'être. Il faut donc admettre que là où une religion se manifeste elle existe, et nous pouvons dire qu'au-dessus du douzième degré, la plupart des nègres appartiennent à la religion musulmane.

Je n'ai pas pu recueillir le détail de toutes les superstitions dont j'ai vu les manifestations à peu près partout. Outre qu'il m'aurait fallu pour cela plus de temps, et un interprète plus intelligent, je n'attache pas à ces désordres de l'âme humaine une importance bien grande comme renseignement sur le développement de l'intelligence des milieux sociaux. Ne sommes-nous pas les héritiers et admirateurs des Grecs et des Romains qui étaient en même temps les plus idolâtres et les plus civilisés de leurs contemporains? Non seulement nos campagnes, mais nos salons sont en proie à l'esprit de superstition le plus grossier et, pour en citer un exemple sans humilier nos compatriotes, je donne ci-dessous, d'après le *Journal des Débats* de ce jour [1], l'incroyable récit des relations de

---

1. Le tribunal bavarois de Kempten vient de juger une affaire d'escroquerie qui n'est pas ordinaire. Wohlfahrt, l'un des accusés, était père d'une fille nommée Agnès qui est morte hystérique pendant l'hiver dernier. Celle-ci avait eu pour amie intime une jeune voisine, Crescenz Kotterisch, que ses parents avaient eu la douleur de perdre trois ans auparavant. Un beau jour, les époux Kotterisch reçurent la visite d'Agnès Wohlfahrt, qui leur apprit que Crescenz était au Purgatoire, d'où elle lui écrivait fréquemment. Elle se déclara prête à prier la Vierge de reporter sur elle le châtiment encouru par Crescenz, à condition que les Kotterisch lui fissent crédit de quelques centaines de francs. Les Kotterisch y consentirent et peu de temps après, Agnès leur exhibait une lettre où Crescenz la remerciait de sa généreuse intervention. Ce n'était, hélas! qu'un commencement, car Crescenz, transportée au ciel, continua sa correspondance et ses demandes d'argent. Elle annonça d'abord, qu'elle allait se marier, et comme son fiancé, dont elle avait fait la connaissance en Purgatoire, n'avait pas

toute une famille bavaroise avec les habitants du ciel et de l'enfer. La Bavière est un des pays où l'instruction à tous les degrés est le plus répandue. J'espère donc qu'après avoir lu ce qui suit nos plus modernes et plus civilisés

encore achevé sa peine, elle demanda une aumône pour obtenir son rachat. Les Kotterisch s'exécutèrent; Crescenz, reconnaissante, envoya un reçu en bonne et due forme sur papier du paradis. Mais le mariage n'est pas moins dispendieux au ciel que sur la terre : Crescenz réclama encore 10 000 marks pour la cérémonie et des habits neufs pour les douze apôtres.

Les Kotterisch ne se firent pas prier; ils payèrent, et leur gendre céleste témoigna sa gratitude en adressant à sa belle-sœur une montre en or et une superbe bague avec ses initiales gravées. Neuf mois après, le jeune ménage sollicitait une layette. Les grands-parents envoyèrent la layette, et trois fois en trois ans la même demande fut renouvelée. Les Kotterisch, qui avaient déjà rhabillé les douze apôtres, eurent un jour le grand honneur de devenir les banquiers de la Mère de Dieu. Toujours par l'entremise d'Agnès Wohlfarht, la Sainte Vierge leur emprunta 2 500 marks pour embellir les locaux célestes; elle promettait de leur servir un intérêt de 5 p. 100. Les Kotterisch n'eurent garde de refuser; ils reçurent en remerciements tout un paquet de saucisses avec une belle lettre signée de leur fille, de leur gendre et de leurs petits-fils annonçant que l'argent avait été accueilli au ciel par une sérénade de tous les anges jouant de leurs trompettes. Cette correspondance entre le ciel et la terre durerait sans doute encore si les Kotterisch n'avaient fait à des amis la confidence de leur bonheur. On leur ouvrit les yeux un peu tard, puisque leur ingénuité leur avait coûté déjà une vingtaine de mille francs. Agnès Wohlfahrt fut arrêtée; elle est morte depuis. Ses parents poursuivis comme complices viennent d'être condamnés à deux ans de prison.

lecteurs d'Europe envisageront avec quelque modestie la supériorité dont nous serions enclins à nous targuer, dans le domaine de la haute psychique, sur les fétichistes, demi-fétichistes ou demi-musulmans de la boucle du Niger.

CHAPITRE VII

La politique et l'état social.

Constitution politique des États. — Les frontières, les douanes. — Le royaume. — Le canton. — La commune. — La propriété. — États à races superposées. — Territoires en état d'anarchie.

Constitution politique des États. — Les différents peuples qui se partagent le territoire parcouru par la mission sont tous soumis au régime monarchique; mais il ne s'ensuit pas que tous les peuples d'une même race obéissent au même roi. Il y a, par exemple, dans le Borgou, plusieurs rois des Baribas : ceux de Kayoman, de Niki, de Bouais, de Boussa, d'Ilo. Ces lois forment une espèce de confédération dont les liens sont plus ou moins resserrés suivant l'autorité personnelle de celui d'entre eux qu'ils reconnaissent comme chef.

De même parmi les Nagos, le roi de Savé et celui de Tchaki sont complètement indépendants l'un de l'autre.

Si l'on recherche la loi qui préside à ces groupements politiques, on voit tout d'abord que ce n'est pas le principe des nationalités. Les limites ne sont pas non plus formées par des frontières naturelles, car on ne rencontre véritablement aucun obstacle, ni montagne, ni désert, ni fleuve infranchissable depuis la mer jusqu'au 14º degré. Ce qui a défini l'étendue des différents royaumes, c'est la portée du commandement qui peut être exercé par un seul homme. L'écriture étant inconnue en pays rétichiste, presque inutilisée pour la correspondance en pays musulman, il en résulte qu'un chef ne peut guère se faire obéir au delà des points qui sont à plus de quatre journées de marche de sa capitale, distance qu'un courrier peut franchir en un seul jour. Un ordre purement verbal dont la transmission exigerait plusieurs jours risquerait d'être déformé en route dans la mémoire du courrier et perdrait, en outre, à son arrivée une bonne partie de son autorité. Les routes et les moyens de transport rapides manquent également pour permettre au chef d'aller s'assurer que ses ordres sont exécutés. Ainsi dans les pays de forêt dense, l'autorité d'un roi s'étend rarement sur une région de cent kilomètres de diamètre. Ce territoire s'augmente dans les endroits où la forêt est moins épaisse et plus facile à parcourir. Enfin dans les pays de cavaliers, les royaumes s'agrandissent encore en raison de la plus grande longueur des courses qu'on peut fournir à cheval. Ceci posé pour expliquer une fois pour toutes que le Dahomé, le Borgou, le Haoussa, ne sont pas des royaumes, mais des expressions géographiques, nous allons donner le relevé du partage démographique des pays que nous avons parcourus.

Sous notre domination, nous trouvons d'abord dans le Dahomé trois royaumes principaux : celui de Porto-Novo, celui d'Allada et celui d'Abomé.

Le premier est composé de gens appartenant à la race nagote et répartis sur les deux rives de l'Ouémé, depuis Sagon jusqu'à la mer. Le roi d'Allada commande à des sujets, généralement de race djège, qui habitent entre la mer et les marais de l'Alama. Abogliagbo, qui a succédé à son frère Béhanzin sur le trône d'Abomé, a pour sujets des Dahoméens de pure race djège établis au nord de l'Alama.

Dans ces trois royaumes le pouvoir du roi est absolu, pour autant du moins que le résident français placé auprès de chaque roi, le laisse s'exercer. Les agents d'exécution sont de deux sortes : 1° les agents locaux, chefs de villages qui jouissent d'une assez grande autonomie et d'une autorité plus réelle que celle de nos maires de chef-lieu de canton; 2° les agents du pouvoir central ou « récadères », qui sont délégués par le roi en permanence dans les centres importants, afin d'espionner, contrôler et même régenter le chef du village, ou, momentanément, pour assurer l'exécution d'un ordre déterminé, comme la confection et la remise en état d'une route, la direction d'un convoi important, la destitution d'un chef de village et l'installation de son successeur. Cette organisation de l'autorité dont les rois d'Abomé paraissent être les initiateurs est copiée servilement dans tous les petits royaumes qui se partagent le pays depuis la mer jusqu'à Boussa.

Au nord du royaume d'Abomé nous trouvons le royaume des Mahis et celui de Savé, le premier, sur la rive droite, le second sur la rive gauche de l'Ouémé.

Entre Tchaourou, extrémité nord du royaume de Savé, et la principauté nagote de Tchaki, on traverse des territoires baribas qui forment hernie au sud, le long et à gauche de la petite rivière de l'Opara. Tout le pays, depuis Tchaki jusqu'à la Moursa, se trouve dans une situation politique bien particulière. Cette situation toute spéciale paraît s'étendre même au sud de Tchaki à la faveur de l'indécision longtemps prolongée de la frontière anglo-française, qui a empêché d'installer dans cette région une autorité reconnue. Dans cet hinterland du pays yorouba, les villes sont nagotes et la brousse appartient aux Baribas. Comme les bourgades où se tiennent les Nagos (Tchaki, Papa, Etchépété, Bogo, Kitchi, sont à 25 ou 30 kilomètres les unes des autres), les Baribas peuvent circuler en toute liberté et les malheureux Nagos, exposés à être capturés par eux dès qu'ils s'aventurent en dehors de la zone de protection de leurs murs, sont obligés à mille précautions pour circuler d'une ville à l'autre, ou même plus simplement pour aller cultiver leurs champs. Non seulement, ces Nagos entourent leurs villes d'une muraille précédée d'un fossé, mais les champs cultivés eux-mêmes sont entourés d'une deuxième enceinte concentrique à celle du bourg; enfin, en pleine forêt, à plus de deux heures de marche de Kitchi, nous avons rencontré une muraille continue élevée par les habitants de la ville afin de ménager à leurs bestiaux, en outre des champs cultivés, une zone de pacages forestière à l'abri des coureurs baribas. On sait ce que valent en matière défensive toutes ces murailles continues. Elles exigent, pour n'être point enlevées en un point quelconque, un cordon continu de défenseurs dont l'effectif suffirait le plus souvent à triompher de l'assaillant en rase campagne. Aussi l'enceinte forestière et l'enceinte elle-même des champs cultivés n'apportent pas d'obstacles sérieux aux incursions des Baribas. Il est inutile d'ajouter que les communications d'une de ces villes à l'autre ne se font que par des convois escortés, véritables sorties d'une garnison qui serait toujours en état de siège. Néanmoins, chose peu croyable, au milieu de cette extrême insécurité, les villes nagotes dont je viens de parler atteignent une haute prospérité. Tout y respire l'aisance, l'ordre y est parfait, les familles nombreuses et bien entretenues, les maisons vastes et supérieurement bâties. Il ne peut pas s'agir dans un tel pays de gouvernement central combiné avec des pouvoirs municipaux; toutes ces villes se gouvernent et s'administrent comme si elles étaient seules au monde. La ville de Papa, qui est très rapprochée de Tchaki, dépend cependant assez étroitement du roi de cette dernière ville.

Au nord de la Moursa, on rentre dans la confédération bariba par le royaume de Cayoman. Cayoman est une grosse ville dont le chef exerce, en qualité de roi, une sorte de suzeraineté sur les chefs des bourgades voisines, et même jusqu'au Niger. On rencontre dans cette région une véritable féodalité analogue à celle du moyen âge en France.

Tout concourt à imprimer ce caractère féodal aux contrées du Borgou. D'abord, la demi-indépendance dans laquelle vivent les petits chefs baribas vis-à-vis de leurs suzerains, la réunion de tous les pouvoirs locaux entre les mains d'un cavalier, assisté de plusieurs autres, lesquels sont servis et accompagnés dans leurs déplacements par des valets d'armes à pied. Il n'est pas jusqu'au caractère batailleur de tous ces petits hobereaux noirs, jusqu'à l'insécurité des chemins et jusqu'à la disposition en forteresse de certaines habitations, qui ne viennent renfoncer cette impression. Le roi de Cayoman se plaignit plusieurs fois auprès de moi de l'indiscipline de ses vassaux et de la peine qu'il avait à s'en faire obéir. Le roi de Boussa, dont l'autorité avait le même caractère, et dont les sujets étaient de même race, paraissait pourtant mieux écouté; mais dans un pays comme dans l'autre, comme à Ilo, d'ailleurs, il m'a paru que le roi avait besoin pour faire exécuter un de ses ordres de le communiquer longtemps d'avance, de l'appuyer par des arguments, par des discours, bref, de le soumettre à une discussion qui ne serait guère de mise dans un pays véritablement autocratique.

Transmission des pouvoirs. — J'ai recherché à savoir de ces différents roitelets comment ils avaient acquis et comment ils espéraient transmettre leurs pouvoirs. Naturellement, les rois de Porto-Novo, d'Allada et d'Abomé qui sont par nous nommables et révocables *ad nutum* n'ont pas pu m'apporter la charte constitutionnelle en vertu de laquelle ils avaient été investis. Mais dans les grandes villes yorouba et notamment à Tchaki, la transmission des pouvoirs royaux se fait suivant un mode auquel l'élément blanc est naturellement resté étranger jusqu'ici.

A la mort d'un roi, son successeur est désigné par un second roi élu par le peuple, et qui n'a toute sa vie d'autres fonctions dans l'État que d'exercer ce choix. N'est-il pas curieux de constater qu'à quarante-cinq degrés de latitude de distance, deux constitutions, l'une, celle de la République française, l'autre, celle du royaume nègre de Tchaki, confèrent toutes les deux le choix du chef du pouvoir exécutif à un magistrat particulièrement respecté, mais auquel l'exercice du pouvoir personnel est interdit. Heureusement pour le brave Bagui, titulaire vénéré de cette magistrature à Tchaki, il a moins souvent à choisir un roi que M. Félix Faure n'a à nommer de président du conseil. L'estime en laquelle il est tenu, les honneurs qu'on rend à ce Grand Électeur, témoignent que la reconnaissance peut encore se réfugier dans le cœur d'un prince élu, car, bien que Bagui n'eût par sa charge aucune autorité, il n'en était pas moins consulté par le premier roi et honoré par tous à l'égal d'une véritable puissance.

Chez les Baribas, le pouvoir paraît être électif, mais il est, avec cette obligation de l'élection, certains accommodements, et l'on trouve sur les bords du Niger des pratiques qui rappellent la candidature officielle. Le roi de Boussa, par exemple, Dagba-Kitoro, tenait, comme il est naturel, à transmettre sa couronne à son fils; aussi de son vivant donna-t-il à ce fils une grande autorité qui lui permit de se faire des partisans, si bien qu'à la mort de Dagba, le prince royal, étant le plus puissant des chefs baribas, se trouva tout naturellement porté au trône par l'assemblée des chefs électeurs. Le roi qui, lors de mon voyage de retour, s'épanchait auprès de moi en confidences intimes, m'avait exposé le plan que, dans son amour paternel, il avait conçu pour assurer sa couronne à son fils, mais il n'était pas sans se dissimuler les dangers qu'il faisait ainsi courir à sa propre puissance, et il me citait l'exemple d'un de ses voisins, roi de Wouwou, qui, pour obtenir le même résultat, avait grandi démesurément la situation de son fils.

Celui-ci, devenu trop tôt le maître, avait détrôné son père pour se mettre à sa place. « Bien que Kibo soit un bon fils, me disait-il, ne trouves-tu pas que l'exemple de mon voisin de Wouwou devrait me rendre plus prudent dans les faveurs que je lui prodigue? »

Ainsi, par tous ces tâtonnements se manifeste, aussi bien dans ces États embryonnaires que dans les plus grands empires, le souci du problème encore imparfaitement résolu : mettre le plus digne à la première place.

Comme le choix des rois, le choix des chefs de villages présente des difficultés. Ou bien, ces maires seront choisis par le roi, et ils seront inconnus, détestés de leurs administrés, ou bien ils seront choisis par leurs concitoyens, et leur dépendance à l'égard du roi sera affaiblie par ce mode d'élection. Les noirs étant rarement excessifs, leur tempérament étant ennemi de toute solution radicale et purement logique, il est tout naturel que les choix des chefs de villages ne soient entièrement livrés ni à l'arbitraire royal, ni à la fantaisie des villageois. En réalité, tout se passe d'une façon empirique. Les gens d'un village désignent le plus souvent pour leur chef le plus riche ou le plus puissant d'entre eux, et il se trouve d'ailleurs qu'une partie de cette richesse ou de cette puissance est déjà due à la bienveillance du roi. Lorsque les villageois ont fait leur choix, celui-ci n'a plus qu'à le sanctionner, ce qu'il fait sans hésiter, car quatre fois sur cinq l'élu est déjà son homme.

Si cet élu est un indifférent, le roi laissera faire, attendant de le juger à l'œuvre; si c'est un homme hostile, le roi, suivant son tempérament et les circonstances, cassera l'élection, mettra ses sujets à la raison, ou bien il négociera pour tâcher de les amener, eux et leur chef, à composition.

On voit que la puissance royale se manifeste dans le choix des fonctionnaires, mais elle dépend aussi des ressources dont dispose le monarque. En principe, tout roi est propriétaire de la terre, tout chef de village est chargé de la répartir entre les habitants de manière à favoriser la culture et par suite les approvisionnements nécessaires à la vie du village. Outre que le roi possède ses esclaves personnels, qui pour lui seul piochent, sèment et récoltent, il reçoit de ses sujets une part du produit de leurs terres. Ces revenus suffisent à assurer l'existence matérielle du roi et de sa maison.

Mais lorsqu'il veut se procurer quelque superflu, il a recours aux douanes. Tout ce qui n'est pas produit par le sol de son royaume ne lui est connu que par des voyageurs qui apportent pour leur compte des denrées étrangères plus ou moins rares ou précieuses. Il suffira donc au roi, pour satisfaire les envies qu'il peut avoir de tel ou tel objet, de prélever une certaine part sur toutes les marchandises qui entrent dans son royaume, soit pour s'y vendre, soit pour le traverser. Le plus souvent, cette perception des droits de douane se fait à la capitale même et par le roi lui-même, qui les reçoit personnellement sous forme de cadeaux. Outre que les frontières sont trop étendues, que des douaniers sont coûteux et peuvent être infidèles, les mouvements de marchandises sont généralement assez rares pour qu'on n'installe pas de postes de douane aux frontières mêmes, et je ne connais guère que le roi de Boussa qui entretienne loin de chez lui des douaniers, sur le Niger. Le commerce qui se fait sur le fleuve est d'ailleurs suffisant pour justifier une pareille mesure. Il y a également des douaniers à l'entrée du territoire de Tchaki. Mais on sait déjà que ces grandes villes nagotes entourent leurs cultures d'une enceinte à la porte de laquelle il est tout naturel de toucher des droits.

Partout ailleurs, le mécanisme des cadeaux remplaçant le droit de douane est le suivant : lorsqu'un voyageur, seul à la tête d'une caravane, veut passer d'un royaume dans un autre, il envoie demander la permission au roi du pays où il veut aller. Cela s'appelle demander les routes. Le roi fixe à l'envoyé la part qu'il entend prélever sur les marchandises ou bien, lorsque le voyageur est un homme important, il s'en remet à sa courtoisie. Dans tous les cas, voyageur et caravane sont dirigés sur la résidence même du roi.

Si les droits convenus sont incomplètement

acquittés, ou si la générosité du voyageur n'a pas répondu à l'attente royale, le moyen de coercition qui sera employé vis-à-vis des récalcitrants ne comporte ni menace ni violence; la réception sera de la part du roi tout aussi polie, mais lorsque le voyageur désirant continuer sa route ou s'en retourner demandera de nouveau les chemins, le roi, sans répondre carrément non, le mettra dans l'impossibilité de se mettre en marche jusqu'à ce qu'il ait donné satisfaction.

Tous les villages de la boucle du Niger contiennent des esclaves qui furent à l'origine des voyageurs arrêtés faute de ressources pour s'ouvrir les chemins. Lorsqu'un homme est ainsi retenu par le roi, on ne lui refuse ni le gîte, ni la nourriture, ni même le vêtement, mais on les lui vend, on les lui vend le plus cher possible, et quand il n'a plus de quoi payer on les lui prête. L'idée que sa personne et sa liberté sont une marchandise qui répond pour lui est si bien ancrée dans le cerveau d'un nègre, qu'il est désolé, mais nullement indigné, d'être ainsi réduit en esclavage tout en douceur et par une sorte d'enveloppement continu de l'hôte chez lequel il est descendu.

Ainsi j'ai connu deux hommes qui s'étaient évadés de Kitchi et qui avaient, de ce fait, couru les plus grands dangers pour recouvrer leur liberté.

En entrant dans Cayoman, ils se crurent obligés d'emprunter chacun un pagne et, deux jours après, ils me disaient en pleurant : « Nous ne pouvions pourtant pas entrer tout nus dans Cayoman, et puisque un tel nous a donné un pagne, il a le droit de nous garder jusqu'à ce que nous l'ayons payé. » Et si je n'avais pas donné moi-même les deux pagnes, je gage bien que mes deux Nagos n'eussent jamais été en situation de se racheter et qu'ils seraient encore, et pour toute leur vie, eux et leur famille, les esclaves du Bariba qui leur avait donné un pagne.

Si les frontières ne sont pas jalonnées par les douaniers, elles n'en sont pas moins marquées d'une façon très nette, et il est impossible de ne pas s'apercevoir qu'on passe d'un royaume dans un autre.

Tandis que les gîtes d'étapes dont j'ai signalé l'existence dans toute la boucle du Niger se succèdent dans l'intérieur du même royaume à 20 ou 25 kilomètres de distance, deux gîtes qui appartiennent à deux royaumes différents sont généralement séparés par une distance double. C'est que deux royaumes voisins sont aussi, assez fréquemment, royaumes ennemis. Une fois la lutte ouverte, un village qui ne se trouverait qu'à 20 kilomètres d'un village ennemi serait par trop exposé à des attaques de razzieurs qui pourraient venir le matin et rentrer le soir chez eux. En se tenant à deux jours de marche les unes des autres les localités frontières semblent se dire réciproquement : « Vous ne pouvez venir nous attaquer qu'en faisant une halte en route ; c'est-à-dire sans que nous soyons avertis. »

Tous ceux qui ont traversé une partie de l'Afrique savent que cette loi de répartition des villages est générale, et que, pour franchir une frontière, il faut doubler l'étape.

Les considérations qui précèdent sur l'état politique des pays noirs ne s'appliquent pas aux pays situés au nord de Kompa, qui vivent depuis deux ou trois ans dans la dévastation et l'anarchie. Ces pays qui constituaient le Dendi, dépendant de Saye, sont devenus le rendez-vous des Foutanis et des Toucouleurs, compagnons d'Ali-Bouri et d'Amadou de Ségou qui ont ravagé le pays.

Rien ne peut donner une idée de la condition misérable où sont réduits les malheureux habitants de ce pays. Ils ne savent véritablement où poser leur tête, et le plus clair de leur nourriture était fourni, lorsque nous passâmes chez eux, par des sauterelles et par les fruits à goût de térébenthine du palmier rônier. Leur village, Bikini, avait été détruit par Ali-Bouri environ trois semaines auparavant. On voyait, par les ruines encore restées debout, qu'il avait dû être très important ; il n'en restait plus qu'une petite cabane dans laquelle une pauvre vieille édentée, et paraissant idiote, gémissait sans discontinuer. Tout ce qui était susceptible d'être mangé ou emporté avait disparu. Nous retrouvâmes ces malheureux installés sur la rive droite du Niger, à quelque vingt milles plus haut. Ils s'étaient organisé quelques abris avec des branches et vivaient là dans les conditions misérables que j'ai dites, avec un tout petit troupeau de chèvres qui avaient échappé à la razzia.

Réduite à la dixième partie de sa population primitive, la communauté de Bikini cherchait ainsi à se réorganiser, mais les survivants de ce désastre vivaient dans des transes continuelles, au point qu'obligé d'aller chez eux, je dus, pour ne pas les épouvanter, passer l'eau tout seul, laissant mes hommes sur la rive gauche. Malgré ces précautions, je n'étais pas arrivé à cinq cents mètres de leurs huttes, que les femmes, les enfants et les chèvres s'enfuyaient éperdus. Une trentaine d'hommes valides se rangèrent en bataille devant moi pour défendre leur triste vie et les pénates sommaires qui les attachaient encore un peu à cette terre d'exil. Il me fallut retourner à ma pirogue, y prendre une paire de poulets que nous avions achetés à Kompa, une calebasse de mil et revenir à eux muni de ces attributs destinés à leur faire comprendre à distance que nous vivions dans l'abondance et que nous ne voulions point les piller.

Leur chef se décida enfin à faire quelques pas à ma rencontre, et quand ils virent bien clairement que j'étais sans armes, quand je lui tendis la calebasse de mil, il tomba à mes genoux en pleurant. C'était un vieillard grisonant, portant toute sa barbe et dont la physionomie quasi européenne rappelait celle que, dans nos classiques, on attribue à Socrate. Ses hommes vinrent bientôt le rejoindre et nous passâmes quelques heures avec eux, recueillant le récit de leurs misères et tous les renseignements qu'ils pouvaient nous donner sur ceux qui les avaient réduits à ces extrémités.

On a peine à penser que ces malheureux furent encore, quelques semaines plus tard, victimes d'une nouvelle agression. Lorsque nous repassâmes en descendant le Niger, nous trouvâmes, en amont d'eux, le village de Gongoubélo détruit. Nous pouvions espérer qu'au moins les réfugiés de Bikini, qui n'avaient rien à perdre, avaient été épargnés. Il n'en était rien ; les malheureuses huttes qu'ils s'étaient confectionnées avaient été incendiées et il ne restait plus à cette place ni un être humain, ni rien de ce qui avait pu être à leur usage.

Au nord de Saye, j'ai déjà indiqué, à propos de la répartition des races, quel était l'état social et politique du pays, et mes observations ne vont point au delà de ce que j'ai déjà signalé sur la juxtaposition et la superposition des races de cette partie de la vallée du Niger.

CHAPITRE VIII

La guerre.

But habituel de la guerre, procédés tactiques. — Les armes. Le cheval. — Le droit de la guerre.

Il peut paraître un peu bien militaire de consacrer, dans un rapport sur une région, un chapitre spécial à examiner pourquoi et comment les peuplades de cette région s'y font la guerre. A la faveur de la période de paix générale que nous traversons, qui, pour courte qu'elle soit dans la vie d'un peuple, tient une place déjà longue dans la vie de chacun de nous, on est tenté de considérer la guerre comme un phénomène passager, accidentel, et dont beaucoup même veulent croire le retour impossible. On est bien forcé, au contraire, de constater que l'état de guerre, qui n'est qu'intermittent dans la vie d'un homme, cesse d'être discontinu quand on envisage l'histoire d'une nation et surtout celle du globe.

Entre les États de plus en plus considérables de l'Europe et de l'Amérique moderne, ce fléau ne se manifeste que par des crises de plus en plus terribles, de plus en plus courtes et, heureusement, de plus en plus espacées. Mais, si à l'autre extrémité de l'échelle des États on se reporte à cette véritable poussière de peuples qu'était l'Europe au moyen âge, on constate que la guerre y était un fléau permanent.

Il ne faut donc pas s'étonner si, dans l'Afrique occidentale, où les États sont fractionnés comme nous l'avons expliqué en royaumes de peu d'importance, l'état de guerre est à peu de chose près aussi fréquent qu'il l'était en Europe au moyen âge. En réalité, tous ces peuples se font la guerre d'une manière à peu près continue.

Quant aux raisons qui poussent rois et peuples les uns contre les autres, elles sont les mêmes que chez nous : des raisons d'amour-propre ou des raisons de cupidité. Notons d'abord que les guerres d'amour-propre sont bien rarement exemptes elles-mêmes de tout sentiment de cupidité, et il est assez difficile de distinguer si celui des deux peuples qui cherche à en dominer un autre travaille plus pour la gloire que pour les avantages qu'il espère tirer de sa victoire. Le but final de nos guerres européennes, qui se terminent par des acquisitions d'influence, de territoire, de population ou même d'argent, est en somme de rendre le vainqueur plus riche ou plus fort qu'avant la guerre. J'ai dit plus haut les raisons qui empêchaient les rois nègres de souhaiter des extensions de territoire ; ils ne font donc la guerre que pour s'enrichir. Or la seule richesse en ces pays n'étant ni la terre, dont il y a trop, ni l'argent, dont il n'y a pas, ne consiste que dans la possession des esclaves, source, comme notre argent, de toutes satisfactions, satisfaction matérielles et satisfactions d'amour-propre.

Du Sahara au golfe de Guinée, et probablement dans toute l'Afrique noire, on ne fait la guerre que pour capturer des esclaves. Depuis le caporal de tirailleurs momentanément soustrait à l'autorité de l'Européen, jusqu'au plus grand roi tel que Tiéba ou Samory, en passant par tous les hobereaux des pays baribas, par tous les chefs de bandes qui circulent dans le pays, tout noir qui dispose d'une force armée quelconque ne songe à s'en servir que dans l'intention de capturer d'autres noirs et d'en faire ses esclaves. Les deux types principaux de capteurs d'esclaves sont ou des rois sédentaires ou des chefs de bandes errantes.

Parmi les premiers, citons le roi du Dahomé, le roi de Boussa, le roi de Yaourie, les grands chefs touareg du sud; parmi les seconds, Ali-Bouri, Amadou, et le plus redoutable de tous, Samory. Les rois d'Abomé, de Boussa, de Yaourie partent régulièrement chaque année en guerre contre leurs voisins.

Chacun d'eux emploie les procédés tactiques qui conviennent le mieux à la nature du peuple qu'il commande. Le Dahoméen est, par exemple, apte à marcher la nuit; tandis que la plupart des autres noirs dorment comme des poules, le guerrier dahoméen peut fournir de longues traites en pleine nuit. Les rois d'Abomé ont donc utilisé cette aptitude qui leur a permis de se jeter, presque sans danger, sur des villages encore endormis et de les surprendre ainsi après une très longue marche de nuit. La sanglante matinée de Dogba où nos troupes se sont réveillées sous une pluie de balles, sans avoir eu même connaissance de la marche de l'assaillant, montre la supériorité que devait assurer aux Dahoméens cette manière de combattre lorsqu'ils avaient affaire à des populations infiniment plus vulnérables que le carré du commandant Faurax.

Le roi de Boussa commande à un peuple de chasseurs, excellents archers, pourvus de flèches empoisonnées. Il les fait agir dans un ordre que nos règlements appellent l' « ordre dispersé », et cherche à attirer ses ennemis en rase campagne, où la supériorité réelle de son armement lui assure la victoire.

Le succès que les flèches empoisonnées assurent à Dagba, le roi de Yaourie l'obtient par sa cavalerie. Cet élément de force fait défaut aux fétichistes de Bédinka et les laisse sans moyens de résistance efficace contre les gens de Yaourie.

Notons ici en passant que le cheval vient du nord, l'islamisme aussi, et que dans toute la région qui sert de marche entre les pays fétichistes et les pays musulmans, le cheval a servi de véhicule aux guerriers prosélytes. Presque tous les cavaliers sont musulmans.

Le même procédé tactique que nous avons vu employé au Dahomé est aussi en honneur chez les Touareg. Eux aussi sont capables de marcher la nuit pour livrer combat aux premières lueurs du jour à un ennemi encore ensommeillé. Mais ils ne manient pas le fusil comme les Dahoméens, ni la flèche empoisonnée comme les Baribas, ni le javelot comme les gens de Yaourie; leurs armes principales sont l'épée et le poignard. L'épée du guerrier targui est une lame droite et plate à deux tranchants, séparée de la poignée par une garde en croix. La lame est flexible, a environ 1 m. 30; elle est généralement bien affilée. La plupart de celles que nous avons ramassées portaient la marque de fabrique de Solingen. Le cavalier s'en sert presque exclusivement pour l'estoc. Il tient la lame dans le prolongement du bras, la garde engagée entre le troisième et le quatrième doigt, comme doit le faire tout bon soldat qui s'interdit l'usage des coups de taille et celui des moulinets. Ces effets de tranchant sont réservés aux poltrons qui, dans la bataille, ont l'illusion d'attacher quelque prix à des mouvements défensifs. Sans entrer ici dans le détail de ce qu'on peut appeler l'escrime de combat, rappelons ici que tous ceux qui font usage du glaive ont à lutter contre l'instinct fâcheux qui pousse à l'usage de la lame. Nos propres règlements manifestent cette préoccupation. Les Touareg paraissent avoir une notion très nette de cette supériorité de la pointe sur le tranchant : la façon dont ils portent leurs armes le prouve, et pendant les longues conversations que j'eus avec les meilleurs guerriers de Boubakar, toutes leurs théories sur leur manière de combattre, sur le mépris en lequel ils tenaient celle de leurs adversaires, pouvaient se résumer en un axiome toujours le même : « quand on se sert de la pointe, on se bat, quand on se sert du tranchant, on se débat ».

Tous les Touareg portent, en plus de l'épée, un poignard emmanché dans un bracelet. La lame est appliquée le long de l'avant-bras, entre le poignet et le coude. Ils ne laissent guère combattre à pied que leurs esclaves noirs, dont quelques-uns ont des arcs, mais dont la plupart portent seulement la lance et le bouclier. Les Touareg de race (de race blanche pure) combattent à cheval. Nous les avons vus pendant plus de cinq jours manœuvrer autour de nous. Ils obéissent parfaitement au principe que notre règlement de cavalerie connaît sous le nom de principe du guide. Derrière ce guide, qui est le chef, chaque peloton se forme en bataille sur une quinzaine de mètres de front, marche dans cet ordre toutes les fois que le terrain le permet, se forme en file à tout passage de défilé pour se redéployer aussitôt après. Les pelotons eux-mêmes se forment en colonne dans un ordre presque identique à celui de nos escadrons et se déploient à droite et à gauche du peloton de tête.

En dehors des rois ou des grands chefs régionaux tels que ceux des Touareg, la guerre est encore faite dans la boucle du Niger par des chefs de bandes. Ceux-là ont beaucoup voyagé, et, comme la jeunesse, se sont instruits en voyageant; ils ont pu apprécier la valeur des armes à feu; leurs hommes (sofas) sont pourvus de fusils à tir rapide provenant de déserteurs des armées européennes, ou bien des factoreries anglaises de Sierra-Leone. D'autres portent des fusils à deux coups et à pierre, et je ne sais vraiment s'ils n'ont pas raison de préférer cet armement dont la munition est beaucoup plus facile à trouver, et qui est tout aussi meurtrier quand on se bat de près. Peu importe en effet d'avoir une arme qui porte à trois mille mètres, quand on opère en forêt où la vue ne porte jamais plus loin que trente pas.

Quel que soit l'armement de leurs Sofas, ces chefs de bandes ont sur les rois sédentaires l'avantage de pouvoir changer leur terrain de chasse, et de se déplacer lorsqu'il ne reste plus à portée de leurs coups de population susceptible d'être razziée. Ils ont sous leurs ordres des fantassins et des cavaliers; parmi ces derniers sont presque tous les chefs.

Les chevaux qui sont utilisés pour la guerre m'ont paru appartenir à deux races différentes; ceux des Baribas, qui ne sont pas originaires du pays, paraissent importés du Mossi ou du Gourma. Je n'ai guère vu au-dessous du 11° degré que des chevaux entiers, ce qui me paraît prouver que ce pays ne se prête pas à l'élevage du cheval, ou du moins que cet élevage n'y est pas pratiqué. Ces animaux sont élégants, bien râblés, ont quelque chose de nos doubles poneys. Leur taille est comprise entre 1 m. 45 et 1 m. 52, ils sont dressés à la courbette, et leur cavalier exige d'eux des départs aux allures vives et des arrêts subits qui doivent les fatiguer beaucoup. Au nord d'Ilo, sur la rive droite, et à partir de Yaourie, sur la rive gauche, le cheval paraît se reproduire plus facilement, il appartient à une race plus mince que les animaux dont il vient d'être parlé. Cette race de chevaux du nord a le dessus très horizontal, l'encolure droite comme le pur sang anglais, les formes générales moins ramassées que les chevaux du Borgou.

Les armes. — Nous avons vu d'une manière générale que les armes à feu constituent l'armement principal des Dahoméens et des bandes de capteurs d'esclaves. Le winchester, le fusil Gras et le fusil à pierre à un coup ou à deux coups sont les types les plus répandus. Comme ce sont les blancs qui ont importé ces armes, ce n'est pas la place, dans une étude du pays noir, d'en faire un examen détaillé. La plupart des chefs baribas ou tapas portent sur leurs selles un ou deux pistolets à pierre, de provenance belge, qui paraissent plutôt destinés à l'intimidation qu'au combat.

Quant aux armes blanches, nous distinguerons la lance, le javelot, la flèche et l'épée. La lance n'est guère portée que par des cavaliers et elle est peu répandue. Le javelot, qui est à la fois une arme d'haste et une arme de jet, est au contraire entre les mains de tous. C'est une arme qui a entre 1 m. 40 et 2 mètres de long; la tige est en bois dur, de la grosseur du pouce. Elle est ferrée dans le bas d'un sabot, ou d'un tortillon de fil de fer, destiné à équilibrer l'arme. A la partie supérieure elle est coiffée d'un fer de lance qui est rarement barbelé et n'est presque jamais empoisonné. Le noir porte presque toujours un de ces javelots à la main lorsqu'il se promène ou lorsqu'il va travailler aux champs. C'est par exception, depuis le 9ᵉ degré jusqu'à Zinder, qu'on rencontre un homme complètement désarmé. Lorsqu'il veut combattre, le noir prend trois ou quatre javelots, il en met un en réserve qu'il maniera comme une pique pour sa défense rapprochée et lance les autres lorsqu'il est à environ 25 ou 30 pas de son ennemi.

Une troupe qui est pour la première fois soumise au jet d'un grand nombre de javelots éprouve un effet moral intense qui se dissipe d'ailleurs très vite. Un javelot dont la pointe offensive n'est pas plus grosse qu'une balle de fusil, et dont la puissance meurtrière est bien moindre, occupe dans l'espace une longueur de deux mètres; si bien qu'une petite troupe sur laquelle des ennemis en grand nombre jettent leurs javelots prend conscience de l'imminence d'un danger beaucoup plus grand qu'il ne l'est réellement, et l'on comprend l'expression imagée, d'ailleurs exagérée, des anciens lorsqu'ils disaient : « Les traits de l'ennemi obscurcissent le ciel. » En réalité, les javelots touchent fort peu de monde et en tuent encore bien moins.

Autrement meurtrier et efficace est l'emploi de la flèche. D'abord tandis qu'un homme porte difficilement dans la main gauche plus de trois ou quatre javelots, il peut mettre dans son carquois une vingtaine de flèches. Lorsqu'il se met en défense, il en sort quatre ou cinq du carquois et les place, la pointe en dehors, dans la saignée de son bras gauche; il peut donc tirer coup sur coup cinq flèches et, très peu de temps après, cinq autres. A une distance de 20 à 30 pas, qui est la distance moyenne de combat dans les forêts du Borgou, ces flèches atteignent aussi sûrement leur but que la balle du fusil qui arme nos tirailleurs. De plus, sur sept hommes touchés par une balle, il n'en meurt en moyenne qu'un seul, tandis que les blessures d'une flèche empoisonnée, si elles ne donnent pas la mort, rendent du moins fort malade et indisponible pour longtemps tout homme qui a été touché. En présence de cet armement primitif, mais sérieux, l'arme à feu n'a guère que sa valeur morale et tout simplement le bruit qu'elle fait.

Au point de vue de la sécurité de notre domination, nous ne pouvons que souhaiter de voir remplacer entre les mains des Baribas les arcs et les flèches dont ils se servent si bien par les fusils à pierre constamment avariés que peut leur fournir la traite. Le nègre qui possède un fusil et qui a la sottise de se croire bien armé parce qu'il lance du tonnerre et des éclairs, ne réfléchit pas qu'il restera désarmé après avoir tiré un coup de fusil. Son incurie habituelle laissera son arme s'encrasser ou bien il la chargera de plomb en oubliant la poudre, laissera le silex s'ébranler dans les mâchoires du chien, et, sans s'en rendre compte, disposera au bout de très peu de temps d'une arme incapable de faire feu, même une seule fois. C'est pourquoi je peux ici donner l'avis très sincère qu'il n'est nullement utile d'interdire le commerce des fusils de traite.

Si la flèche est au javelot ce que le fusil à répétition est au fusil à pierre, du moins l'épée et le poignard conservent-ils, comme armes de main, toute la valeur propre à ces armes dans un pays où la lutte est nécessairement rapprochée. Mais parmi les peuples que nous avons visités, nous ne connaissons que les Touareg qui sachent s'en servir. Depuis Zinder jusqu'au 9ᵉ degré, tous les villages possèdent au moins trois ou quatre porte-épée, grands gaillards solennels comme des suisses de cathédrale, qui se pavanent l'épée suspendue au côté par une cordelière à gland formant baudrier. Ces baudriers, simples embrasses de rideau que l'Allemagne envoie dans tout le continent noir, n'ont jamais supporté que des armes de parade. Il est donc inutile d'en parler autrement que pour signaler un des éléments du tableau formé par tout rassemblement de noirs armés.

Armes défensives. — En dehors des armes offensives qu'on vient d'énumérer, les nègres utilisent comme arme défensive des boucliers qui leur fournissent un abri sérieux contre les flèches et les javelots.

Dans la vallée du Niger jusqu'à Saye, ces boucliers sont taillés dans une peau d'hippopotame. Quelques-uns sont emboutis en forme de calotte sphérique et sont assez grands pour que le guerrier puisse, en les renversant sur soi, se trouver abrité comme une tortue dans sa carapace. Ces peaux sont très épaisses, très dures et arrêteraient certainement des chevrotines. Au-dessus de Saye, les boucliers sont simplement formés d'une peau de bœuf séchée, dégarnie de ses poils. Une poignée en cuir traverse le bouclier en son centre, et permet de le manier pour la parade ou de le rejeter sur l'épaule pour la marche.

Le bouclier est surtout porté par les hommes

qui combattent à pied. Les cavaliers baribas portent comme arme défensive une tunique assez lâche renforcée par une véritable mosaïque de peaux diverses. Sur le tissu se trouvent de petits carrés de peau de bœuf, d'hippopotame, de panthère, de serpent, de crocodile. Ces morceaux de peau sont durcis par le dessèchement ou le boucanage, mais il y a entre deux morceaux consécutifs d'environ cinq centimètres de côté, un intervalle d'à peu près un centimètre où la trame seule de l'étoffe est conservée. Les Baribas obtiennent par cet artifice, dont la carapace du caïman paraît leur avoir donné la première idée, une sorte de cotte de mailles qui, malgré la résistance des éléments qui la composent, est encore assez souple pour leur permettre la plupart des mouvements qu'on peut demander à un guerrier à cheval.

Droit de la guerre. — Ce qu'on est convenu d'appeler chez nous le droit des gens fournit, entre les nations civilisées, une législation de la guerre assez vague. On peut donc penser que cette législation est encore plus vague entre les peuplades de la Boucle du Niger. Toutefois on peut encore reconnaître que les noirs adoptent en principe la prescription qui sert de base à notre droit des gens. « Éviter au vaincu tous « sévices qui n'auraient pas d'utilité pour le vain- « queur ». La plupart des noirs sont en effet de mœurs assez douces ; il est rare qu'ils fassent le mal pour le mal, et bien que les pratiques de la guerre les conduisent à des horreurs révoltantes pour des hommes civilisés, on doit reconnaître que la plupart des coutumes barbares qu'on peut leur reprocher sont nécessitées, soit par les conditions de la lutte, soit par l'objectif même qu'ils se proposent en faisant la guerre. Prenons par exemple ce qui se passe lorsque le roi de Yaourie vient de prendre un village ; il fait la guerre pour acquérir des esclaves ; il serait donc naturel de le voir emmener à la suite de son armée victorieuse toute la population vaincue. C'est assurément ce qu'il ferait s'il devait emmener ses prisonniers dans une île où toute tentative d'évasion leur fût interdite. Mais tel n'est pas le cas en Yaourie. Rien n'est plus facile que de circuler à travers le pays où il devrait garder ses esclaves. De plus l'expérience prouve qu'un homme libre ne se résigne jamais à la condition servile. Il est toujours prêt à la révolte, à l'évasion; on sait d'avance qu'il cherchera à entraîner ses compagnons de chaîne. Bien que capturé et momentanément ligotté, il reste un ennemi dangereux, il est inutilisable et onéreux. Son sort se trouve ainsi décidé : il sera mis dans l'impossibilité de nuire jamais au vainqueur, et séance tenante, immédiatement après la bataille, on lui tranchera la tête ou on lui coupera une jambe (ce qui revient fatalement au même). Quant au reste des captifs, il va falloir les dépayser pour les mettre dans l'impossibilité de regagner leur pays natal; de là la nécessité d'organiser une grande caravane pour les emmener au loin. Au premier coup d'œil, le vainqueur juge qu'un certain nombre d'entre eux sont incapables de subir une telle fatigue, ceux-là mourraient en route et, avant de mourir, ils auraient consommé une partie des maigres vivres destinés à ce troupeau humain. Ceux-là sont donc aussi condamnés et exécutés avant même que la caravane des captifs soit formée. En résumé, le vainqueur enchaîne et emmène au loin tous les esclaves de naissance, toutes les femmes, tous les enfants en état de supporter la marche; il met à mort tout le reste : enfants trop jeunes, vieillards fatigués, hommes libres endurcis dans leur liberté.

Le résultat final est que des gens qui se savent voués à une pareille catastrophe se défendent avec une énergie sauvage, qu'on en tue cinquante pour cent dans le combat, vingt-cinq pour cent après la bataille, et que le dernier quart est soumis, avant de trouver ses maîtres définitifs, aux fatigues, aux privations et aux mauvais traitements les plus pénibles. Quelle que soit l'atrocité d'un tel résultat, il faut pourtant reconnaître que, du moment qu'on fait la guerre pour avoir des esclaves, tous les sévices dont on vient de parler sont logiques et qu'aucun d'eux ne constitue une cruauté inutile comme l'a été par exemple le bombardement de Paris. Ce dernier acte de guerre a fait périr en effet quantité d'êtres inoffensifs sans avancer d'un seul jour la reddition de la place, seul résultat que se proposait l'agresseur. Des peuples civilisés ont-ils bien le droit de s'indigner contre les mœurs des belligérants noirs, alors que le chancelier de l'empire d'Allemagne, constatant que les prisonniers de la deuxième partie de la guerre de 1870 devenaient une charge sans compensation, insistait sous une forme euphémique pour qu'« *on n'en fît plus.* »

Les lois de la guerre dont je viens de parler comme étant celles du roi de Yaourie sont aussi celles du roi du Boussa. Le traitement réservé aux vaincus est le même, aussi bien chez les roitelets nègres que chez les capitaines de grandes bandes, que chez les capteurs arabes. Encore les caravanes organisées par ces derniers emmènent-elles les esclaves beaucoup plus loin, ce qui veut dire qu'elles en font périr davantage. Les *coutumes* dahoméennes, dont la sauvage horreur a servi de thème aux récits les plus mélodramatiques, ne sont en somme qu'une forme différente des usages de toute la Boucle du Niger. Partout on tue les vaincus impropres à l'esclavage, généralement on les tue sur place, immédiatement après la victoire, tandis qu'au Dahomé le roi, qui faisait faire la guerre par ses lieutenants, exigeait qu'on transportât dans sa capitale tous les prisonniers sans exception, et ce n'était qu'à Abomé qu'il faisait tuer devant lui ceux qu'il ne pouvait pas vendre. Il est probable que cet usage dégénéra en fête par suite de la frénésie sanguinaire que développe dans les foules la vue des supplices. Blancs et noirs se valent à ce point de vue, depuis les Romains, desquels nous nous faisons gloire d'avoir hérité une partie de leur civilisation et dont les plus grandes fêtes comportaient des combats de gladiateurs, jusqu'aux efféminés de notre fin de siècle qui quittent avec empressement les plaisirs du bal pour aller voir une exécution à la Roquette.

Mais, que les coutumes dahoméennes eussent fait, ou non, de ces massacres, des fêtes publiques, le résultat n'en était ni meilleur ni pire pour leurs captifs que pour ceux des autres peuples, et elles ne constituaient qu'une modalité particulière d'un usage général.

CHAPITRE IX

Hygiène des blancs dans la région.

Conditions ordinaires de la vie des blancs dans la région. — L'alimentation. — Les rapports avec les habitants. — Les maladies.

C'est un lieu commun de dire que l'Européen appelé à vivre, et surtout à voyager dans la zone équatoriale ou dans la zone tropicale, doit s'entourer de précautions de toute nature s'il veut conserver tant soit peu de santé ou d'aptitude au travail. Encore faut-il constater qu'en observant les précautions les plus minutieuses, on n'est nullement assuré de ne point contracter la fièvre. C'est le contraire qui est vrai; on est à peu près sûr, quoi qu'on fasse, de tomber au bout de très peu de temps très gravement malade. Aussi bien cette quasi-certitude permet-elle de ne pas prendre à la lettre les recommandations par trop pusillanimes qu'on trouve dans la plupart des traités d'hygiène coloniale.

N'est-il pas écrit un peu partout qu'il est très imprudent de sortir entre huit heures du matin et quatre heures du soir? que l'on risque une insolation si l'on quitte son casque, *même à l'ombre*? un empoisonnement grave si l'on boit de l'eau non filtrée? Il est conseillé de s'abstenir de tous les fruits parce qu'ils sont indigestes, du vin parce qu'il porte aux congestions, de l'amour parce qu'il anémie, de l'exercice parce qu'il fatigue, de la sieste parce qu'elle amollit. Il est défendu de laver du linge et à plus forte raison de se baigner dans les rivières où les crocodiles guettent les imprudents pour les attirer au fond de l'eau, défendu de prendre des bains de mer, car les requins ne feraient des baigneurs qu'une bouchée.

Aussi, lorsque, dans le cours de la traversée, on vient de lire des recommandations si sages appuyées de nombreux exemples, où la moindre transgression est punie d'une condamnation à mort, on se demande si on fera bien de débarquer. En réalité, s'il s'est produit des accidents dans des conditions analogues à celles qu'on vient de relater, la surprise qu'ils ont causée en a fait l'objet de toutes les conversations et a conduit à exagérer leur importance et leur fréquence. Même en Afrique le bon sens et la mesure ne doivent pas perdre leurs droits, et la conduite qu'on doit tenir en présence d'éléments assez dangereux doit s'inspirer d'un égal souci d'éviter la témérité d'une part, et les terreurs folles de l'autre.

Je ne crois pas, par exemple, qu'il soit possible à un crocodile de manger un homme. Toutefois, il doit être désagréable d'être mordu par un de ces animaux. On évitera cet inconvénient en cherchant pour se baigner des endroits bien dégagés, des eaux claires où toute surprise soit impossible; plage propre et eau claire étant d'ailleurs recherchées partout pour d'autres raisons, il en résultera qu'on se baignera dans les rivières de la Boucle du Niger tout comme s'il n'y avait pas de crocodiles. De même pour le soleil; on cherchera à s'en préserver en se couvrant la tête d'un bon casque, qui est d'ailleurs une coiffure légère, agréable et pratique, mais il ne faudra pas se croire perdu si l'on n'a sous la main qu'une casquette. Au cas d'un soleil trop intense, en interposant sous cette casquette un mouchoir ou une feuille de bananier, on ne courra pas de dangers sérieux. Quant aux heures auxquelles il est permis d'être dehors, il est assurément plus agréable de circuler pendant la fraîcheur du matin ou au crépuscule du soir, mais, en réalité, nous avons toujours marché pendant la saison la plus chaude et pendant *toute la journée*, et ce n'est pas d'insolation qu'aucun de nous est tombé malade. Il en est du soleil en Afrique comme en France, et n'a-t-on pas vu l'été dernier dans notre propre pays où tous les cultivateurs travaillent toute la journée dehors, formuler pour ces mêmes cultivateurs devenus soldats, l'interdiction absolue de marcher entre neuf heures du matin et quatre heures du soir?

L'écueil de toutes ces précautions exagérées est qu'elles ont pour conséquence de bouleverser les conditions ordinaires de l'existence. Les distances à parcourir pendant un voyage à pied sont de 20 à 30 kilomètres par jour. Si l'on veut être arrivé avant neuf heures du matin, il faut marcher la nuit, ce qui cause une fatigue extrême à des gens obligés de suivre dans une obscurité profonde des sentiers mal frayés. Il est vain de compter, pour compenser la fatigue que l'on prendra la nuit, sur un long repos à prendre dans la journée; cette compensation peut s'établir dans un désert où, quand le chef de la colonne a fait sonner un repos, personne ne bouge plus et le silence s'établit. Mais la Boucle du Niger n'est pas un désert, c'est presque toujours dans des villages que l'on couche. Tout comme en France, les villageois sont mis en rumeur par l'arrivée d'une troupe ou de voyageurs étrangers; ils vont, viennent, entrent avec les voyageurs en relation de cadeaux, en échanges de petits services, en conversations; ils ne peuvent comprendre que leurs hôtes aient besoin de repos à une heure du jour où tout le monde vaque à ses occupations. En somme, le repos perdu, lorsque l'on marche une partie de la nuit, ne se rattrape jamais et, en conséquence, il faut se résoudre à marcher pendant la journée, même aux heures les plus chaudes.

En revanche, il faudra éviter, surtout au

milieu de la journée, de s'imposer à soi-même ou de demander aux autres des efforts désordonnés, susceptibles d'augmenter outre mesure la chaleur du corps. Lorsque l'on marche dans un air qui est à la température de 37°, il faut fort peu d'efforts musculaires pour porter la température du corps à 38 ou 39°, ce qui constitue un état fébrile dangereux. Ainsi, tel qui aurait plaisir à faire 500 mètres au pas de course lorsque la température n'est que de 15°, serait imprudent de courir fréquemment, même par petites courses de 100 mètres, dans un air chauffé à 37°.

Il faut donc marcher puisque c'est une obligation, mais le voyageur blanc cherchera à marcher posément. Après les deux premières heures qui suivent le crépuscule du matin, il ne devra pas compter marcher à plus de quatre kilomètres à l'heure; encore ne devra-t-il porter que ses armes et ses munitions; tout ce qui pourrait le surcharger, gêner sa respiration, tout ce qui pourrait l'échauffer en un mot, devra être confié aux porteurs noirs qui le suivent. Si la course se prolonge, il devra chercher, soit à monter à cheval, soit à se faire porter par deux hamacaires, non pas continuellement, ce qui provoque l'amollissement et la somnolence, mais par petites pauses de dix à vingt minutes qui lui permettent de reprendre haleine ou même de se reposer un peu.

Toutes ces indications se rapportent à un blanc de corpulence et de vigueur moyennes, et, de plus, les exigences qu'on peut avoir pour soi ou pour les autres sont considérablement augmentées dès qu'un entraînement rationnel a mis le voyageur à l'abri de l'essoufflement que provoquent toujours les premières marches, même à allure modérée. Inversement, on ne peut demander que des marches très courtes et très lentes à des hommes anémiés par le climat ou par la dysenterie.

A part le cas de maladie, j'estime qu'un blanc peut aller à cheval pendant sept ou huit heures par jour; mais il se portera mieux s'il peut couper sa longue chevauchée par de courtes marches à pied sur un parcours total de huit à dix kilomètres.

Si on ne possède pas de chevaux, ce qui est le cas général, on aura recours à des hamacaires. Pour voyager en hamac, il faut disposer de six porteurs dont deux marchent chargés, pendant que les quatre autres marchent à vide pour les relayer à tour de rôle. Mais il n'est, comme je l'ai dit, ni nécessaire, ni même avantageux d'être toujours porté en hamac. Il vaut mieux poser en principe qu'on marche à pied tant qu'on ne se sent ni fatigué ni essoufflé, mais qu'on disposera d'un hamac avec deux porteurs pour jouir de quelque répit. On fait ainsi l'économie de quatre hamacaires par blanc.

En dehors de la marche qui est la grande épreuve du voyageur, il a encore deux soucis sérieux d'ordre matériel : son alimentation et son gîte pour la nuit. En matière d'alimentation, j'ai étonné beaucoup de personnes en leur apprenant que, parti avec six mois de vivres pour mes blancs, j'étais revenu avec les mêmes six mois de vivres à peu près intacts. A la vérité, je n'avais jamais douté de la possibilité de trouver dans tout pays habité de quoi subvenir aux besoins alimentaires d'une colonne de cinq cents hommes; mais j'ai eu la satisfaction de constater combien on se passe facilement des mets qui nous paraissent les plus indispensables, combien il est aisé de vivre sainement et même confortablement en empruntant presque tout aux ressources locales du pays traversé. Les conserves de viande sont en effet suspectes. On se rappelle les nombreux accidents qu'elles occasionnent ici même. En France, on entoure la réception de celles qu'on doit distribuer à la troupe d'un véritable luxe de précautions qui ne suffisent pourtant pas toujours à rendre ce mode d'alimentation inoffensif. Qu'on s'imagine par ailleurs les conditions dans lesquelles on doit consommer ces conserves au cours d'un voyage en Afrique, où elles ont été soumises sur la tête des porteurs à des températures dépassant soixante degrés, on estimera par là combien il y a de chances pour que cet aliment originairement malsain soit en outre avarié. Les conserves de légumes présentent à peu près les mêmes inconvénients. Quant à la farine, si l'on a la prétention de s'en servir pour faire du pain, il faut en emporter de grandes quantités. A peine ouverte, chaque caisse commencera à moisir ou à fermenter; ni le voyageur, ni surtout le personnel qu'il peut employer à faire du pain ne possède la notion si difficile des conditions dans lesquelles on doit employer le levain sous un climat si différent du nôtre. Une fois le pain fait, on ne trouvera pas de four pour le faire cuire. Pour en fabriquer un, il faudrait du temps, des matériaux et des ouvriers. Bref, il faut renoncer en voyage à l'usage du pain.

Est-il sage de se rabattre sur le biscuit? Le biscuit donne la colique aux jeunes gens les plus vigoureux de nos campagnes lorsqu'ils en mangent dans nos casernes où ils jouissent pourtant d'un estomac et d'un appétit excellents. En pratique, ils le donnent ou ils le vendent et l'administration militaire le sait si bien, qu'elle se résout elle-même à le vendre au profit de ceux qui seraient appelés à le manger. Le biscuit est un aliment de grande misère qu'on doit manger pour ne pas mourir de faim. On peut encore espérer s'y habituer sous un bon climat et dans de bonnes conditions hygiéniques, mais quand on est en marche sous l'équateur, il faut éviter de faire des expériences au détriment de son tube digestif. On emportera donc une ou deux caisses de biscuits pour parer à un imprévu, pour le cas où l'on commettrait la faute de n'avoir aucun aliment farineux frais à sa disposition.

Si l'on doit renoncer à manger de la viande de bœuf, des légumes européens, du pain et du biscuit, on doit aussi dire adieu au vin dès que l'on quitte la côte ou les grands fleuves.

Contrairement à une opinion très répandue, la privation du vin est généralement plus pénible que celle du pain. Un blanc qui se contente en Europe d'un demi-litre de vin à chacun de ses repas, croit sincèrement être exempt de toute tare alcoolique. Il suffit cependant de remarquer qu'un litre de vin à 10° contient autant d'alcool qu'un quart de litre d'eau-de-vie à 40°. Mise sous cette forme, la quantité d'alcool absorbée journellement par un blanc relativement sobre apparaît ce qu'elle est réellement, c'est-à-dire assez élevée. D'ailleurs le réactif qui met le plus facilement en évidence l'affection alcoolique est la privation d'alcool. Privé de ce stimulant qui est devenu pour son organisme à la fois un besoin et un poison, l'homme ressent des troubles cérébraux qu'il traduit en s'accusant d'avoir la tête vide, de n'être bon à rien. S'il a été fortement intoxiqué, le jeûne alcoolique lui donne des cauchemars, de l'agitation nerveuse et même des hallucinations.

Certains médecins affirment que, dans cet état particulier, l'homme est plus particulièrement sensible aux insolations.

Il est utile d'insister sur le danger que peut présenter cette privation subite d'alcool, car beaucoup d'Européens confondent l'alcoolisme, qui est une maladie, avec l'ivrognerie, qui est un vice, et tous ceux qui ne se sont jamais enivrés croient de très bonne foi n'être nullement atteints d'alcoolisme. Il leur faut l'expérience de la privation pour être éclairés. Afin de contrebattre les effets au moins nerveux que cette privation subite produit chez tous les Européens, on s'attachera à n'arriver que progressivement à une abstinence totale. On emportera un peu de vin et on en distribuera chaque jour une ration de plus en plus réduite. On prolongera avec du rhum la période d'adaptation, enfin on cherchera à remplacer cette ration alcoolique par une ration équivalente de bière du pays (bière de maïs ou bière de mil). Dans certaines localités musulmanes, la religion du Coran a été observée avec assez de rigueur pour qu'on ne fasse pas fermenter de grain. Dans ces localités, on ne trouve pas de bière de mil, mais rien n'est plus simple que d'en fabriquer : on met du mil dans un panier que l'on trempe dans l'eau, on suspend ensuite ce panier à un arbre et dès le lendemain les grains ont des germes d'un à deux centimètres de longueur; la matière amylacée du grain est dès lors transformée en matière sucrée, il suffit d'en faire une infusion pour avoir un moût sucré que vingt-quatre à trente-six heures de fermentation rendront buvable. Cette brasserie n'exige qu'une jarre en terre cuite, et même si on est appelé à se déplacer, la fermentation pourra se continuer sur la tête d'un porteur et fournir assez de liqueur alcoolique pour les cadres européens de deux compagnies.

On vient de voir comment on peut arriver à se passer de vin, soit en s'en privant, soit en le remplaçant par la bière. C'est aussi par voie de remplacement qu'on suppléera à l'absence du pain et de la viande de bœuf. Dans tous les pays que nous avons traversés, les indigènes ont un régime alimentaire tout à fait comparable à celui de nos compatriotes. Le fond de la nourriture qui est chez nous le pain, est également chez eux un aliment farineux; dans le sud le manioc, le maïs, puis l'igname et les patates; enfin, à partir du 10° degré, le mil et les haricots. Partout le noir a besoin, et il cultive et récolte en conséquence, de 500 à 700 grammes d'aliments farineux par tête et par jour. Comme nous, ou plutôt comme les plus fortunés d'entre nous, les noirs ajoutent à leur régime farineux un peu d'aliment azoté. Ce sera la chair de quelque poulet, d'une chèvre, d'une antilope ou du poisson fumé. On trouvera donc chez eux, en provision ordinairement suffisante pour les besoins d'une petite colonne, la majeure partie des aliments nécessaires à notre organisme et même à la satisfaction de besoins artificiellement acquis.

Le pain sera remplacé sur la table des Européens par du riz cuit à l'étouffée, juste assez pour n'être point indigeste, pas assez pour être réduit en pâte colleuse. On complétera cet aliment farineux, on y suppléera au besoin, en première ligne par l'igname, puis par les patates douces, le maïs, les pistaches ou arachides et la farine de mil. Si on ne trouvait ni riz, ni aucun des féculents dont on vient de parler, on aurait recours à la banane.

Quant à l'aliment viande, c'est le plus souvent le poulet qui le fournira. Une ou deux fois par jour on met au pot la poule qui fournit d'abord le bouillon d'un potage au riz, puis un peu de viande bouillie. Sans doute ce bouilli est assez insipide, mais il a l'avantage d'être tendre et facile à absorber quel que soit l'âge du volatile. Il est peu de jours où l'on ne mange en outre du poulet en ragoût ou en rôti. Un peu de farine, soit de froment, soit de maïs, soit de mil cuite avec du beurre de carité, sert à faire les roux de ces ragoûts.

La chèvre représentera le plus souvent sur la table la viande de boucherie, et comme on peut craindre de tomber sur une chèvre d'un âge un peu avancé et déjà coriace, on fera cuire de préférence des chevreaux. Un peu de poisson frais ou fumé suivant les circonstances, les œufs et le lait présentés sous toutes les formes possibles, du gibier à poil (singe, marmotte, antilope, sanglier), à plume (colombe, perdrix, pintade, canard), contribuera à varier les menus.

Lorsqu'on sera installé depuis longtemps dans une localité, on aura pu y faire un peu de jardinage et récolter quelques légumes verts, ou faire des salades cuites. Si on ne fait que passer et qu'on ait un interprète intelligent, bien au courant des productions du pays, on pourra essayer des quelques légumes verts cultivés ou récoltés par les indigènes, entre autres les tomates au sud de 7°,30, les cives et les poireaux dans le Yorouba, les oignons dans le Boussa.

De cette rapide revue des aliments que l'Européen trouve à sa disposition pendant un voyage du 5° au 13° degré, on conclut qu'on n'a besoin d'emporter de vivres qu'à titre de précaution. On empruntera surtout au régime alimentaire purement européen les condiments qui tiennent peu de place et dont un faible poids suffit pour de nombreux jours de route. Les pickles, le sel, le poivre, les épices, le carik pour le riz, le Worcestershire sauce, le safran pour les bouillabaisses, le lait condensé pour les régions où le bétail manque, le thé, le café, le vin de Champagne et l'eau-de-vie (ces deux derniers articles réservés pour le cas de maladie), pourront être emportés en provisions très suffisantes pour un voyage de six mois, sans nécessiter ces théories de porteurs auxquelles on se condamne quand on veut chaque jour manger du pain et des conserves de bœuf, et boire du vin à tous ses repas.

Parmi tous ces condiments, on s'étonnera peut-être de voir figurer en première ligne les pickles. C'est que ces pickles sont utilisés non seulement pour eux-mêmes, mais pour le vinaigre dans lequel ils sont immergés. Le manque de vinaigre, et généralement le manque de tout acide, est presque absolu dans les pays noirs, où d'ailleurs on doit éviter avec soin l'abus des aliments trop acides. Sans aller jusqu'à l'abus, un usage très modéré du vinaigre est, pour la plupart des Européens, un besoin très sérieux. On y supplée d'abord tant bien que mal avec du jus de citron, mais à partir du 9° degré on ne rencontre plus de citronniers; on est alors obligé de se rabattre sur le vin de palme, tant qu'il y a des palmiers. Encore le vin de palme, s'il aigrit très facilement, ce qui en fait un très mauvais vin, ne donne-t-il lui-même qu'un mauvais vinaigre. Enfin, nous nous sommes vus assez longtemps dans des pays où l'on ne faisait pas de vin de palme, où l'on ne faisait même plus de bière, et où nous avions un besoin impérieux de posséder un liquide un peu acide pour dissoudre du sulfate de quinine. Nous en avons été réduits à faire aigrir du lait. Dans le courant d'une journée, le lait se coagule, du moins dans ces pays chauds, en une matière caséeuse, à réaction très acide, et le petit-lait qui reste libre est assez acide pour dissoudre le sulfate de quinine.

En dehors de la marche et de l'alimentation, le voyageur doit pourvoir à son repos.

Les nègres qui ont des pantalons très larges et qui parfois même n'ont pas de pantalon du tout, se reposent fort bien en s'accroupissant, soit sur les talons, soit sur les jambes croisées à la mode de nos tailleurs. Les vêtements auxquels nos pères et nous-mêmes avons été accoutumés en raison des exigences de notre climat, nous ont fait perdre toute aptitude à cette position si favorable au repos. Force nous est donc de rechercher des sièges. On a assez de caisses pour s'asseoir facilement. Si l'on veut bien se reposer sans s'allonger, il faudra avoir recours aux chaises pliantes avec sangles de toile et crémaillères d'appui munies ou non de bras.

Un porteur met facilement sur sa tête six de ces sièges qu'on peut déballer à chaque halte et sur lesquels un Européen, même malade, peut prendre un repos très réparateur. Pour la nuit, nous nous sommes bien trouvés dans les pays dahoméens d'utiliser les apatams, grands hangars couverts sur les quatre faces, généralement très propres, où l'air circule, où l'on peut suspendre son hamac à la charpente, et où l'on est généralement à proximité d'une place suffisamment nettoyée pour que les hommes de l'escorte et les porteurs puissent y passer la nuit. Quand les apatams font défaut, et c'est souvent le cas dans les pays du Yorouba et du Borgou, on couche en plein air sous un arbre, ou bien sous sa tente.

Choix d'une tente. — Les tentes sont surtout indispensables dans la journée où l'on ne rencontre guère d'arbres donnant une ombre assez dense et assez sûre pour qu'on puisse travailler sans souci d'une insolation possible. De plus, quand les rayons du soleil tombent obliquement, c'est-à-dire de quatre heures et demie à six heures et demie du soir, on ne peut plus compter du tout pour s'abriter sur le feuillage des arbres. Les tentes que nous avions étaient doublées en lustrine verte. La doublure d'une tente est indispensable aussi bien pour garantir du soleil que pour s'abriter de la pluie; mais ce qui est d'un effet plus complet contre la chaleur solaire, c'est la tente à deux étages d'étoffe séparés par un matelas d'air. Nous avions essayé d'obtenir ce résultat au moyen d'une toile légère superposée à 10 centimètres de distance aux deux petits égouts du toit de nos tentes. Mais c'était là un palliatif insuffisant et il faut recourir, comme le faisaient les officiers anglais de Lokodja, à une double enveloppe entourant aussi bien la muraille que le toit depuis le sommet jusqu'à terre.

Il est vrai que j'ignore si le poids des tentes que j'ai vues dressées à Lokodja permet de les donner à un seul porteur, et le grand avantage qu'avaient nos petites tentes était justement leur légèreté. Cette légèreté était un appât pour le porteur dont une tente constituait la charge, et il se multipliait soit au départ pour la démonter, soit à l'arrivée pour la dresser, de façon à se poser en homme zélé et indispensable. Il faut bien faire le compte de l'inconvénient qu'on peut trouver à une tente un peu moins confortable et de l'avantage qu'elle procure d'être rapidement pliée ou dressée et de ne jamais rester en détresse. Cette dernière considération doit dominer toutes les autres. Un voyageur qui craint de perdre sa maison ou même d'en être momentanément privé est un homme aux abois, et si l'on ne dispose pas de bêtes de somme, on fera mieux de se contenter d'une tente ne dépassant pas 18 kilog.

Sur le sol, qu'on cherchera aussi dégarni que possible, on fera bien d'étendre une toile imperméable. Cette espèce de tapis qui ne pèse presque rien, permet de se délasser en ôtant ses chaussures et en restant nu-pieds sous sa tente, ce que, par la suite de la présence des chiques, on ne saurait faire sans danger sur un sol nu. Pour dormir pendant la nuit, si on couche en plein air, on cherchera à suspendre un hamac. Sous une tente, on sera obligé de faire usage d'un lit pliant, simple sangle en toile à voile qu'on surmontera d'une moustiquaire. La moustiquaire a l'inconvénient d'empêcher le mouvement de l'air autour du visage et la fraîcheur relative qui en résulte; mais il est très important d'être à l'abri des moustiques, d'abord pour éviter les insomnies qu'ils occasionnent, et ensuite parce que leurs piqûres, sont très sérieusement suspectes d'inoculer la fièvre intermittente. Si l'on est démuni de moustiquaire, on se rappellera que les moustiques eux-mêmes ont leurs heures de travail et de repos. Ils ne bourdonnent guère plus de trois heures après le coucher du soleil ni plus d'une heure avant son lever. En se tenant debout et habillé pendant ces heures dangereuses, on a beaucoup de chance de rester à peu près indemne.

Telles sont les précautions que nous avons prises ou que nous croyons devoir recommander aux blancs appelés à se déplacer du golfe de Guinée au moyen Niger. Quant à ceux qui voudraient séjourner dans cette région, il est clair qu'il leur serait possible d'organiser leur vie d'une manière moins fatigante et plus confortable que celle d'un voyageur. C'est pour eux qu'il est possible d'éviter de marcher entre huit heures du matin et quatre heures du soir. Ils seraient déraisonnables de ne pas réserver pour le travail à la maison les heures les plus chaudes de la journée. Pour eux, il deviendra inutile, et par conséquent nuisible, d'essayer de se passer de pain et de vin. Toutefois, il sera toujours bon de ne pas faire abus de liquide alcoolique et de faire au contraire un large appel au riz pour l'alimentation courante. Ce grain est en effet de tous les farineux celui qui contient le moins de substance grasse; c'est lui qui impose le moins de travail au foie et l'on sait si ce viscère est à ménager dans les pays chauds. C'est dans ces longs stationnements que l'on pourra profiter de l'industrie du jardinage pour obtenir les légumes verts dont l'usage est si recommandé par les hygiénistes.

Mais c'est surtout dans l'habitation que le blanc installé aux pays chauds trouvera des éléments de confortable inconnus du voyageur. Il cherchera à élever sa maison sur une éminence balayée par le vent, assez loin des arbres qui attirent les moustiques. Il l'entourera de vérandas qui assurent à l'intérieur une retraite plus sombre et permettent de rechercher au dehors, tout en restant à l'ombre, les moindres mouvements de l'air. Tous ceux qui le peuvent élèvent le plancher de leur habitation à 1 m. 50 au-dessus du sol et font faire la cuisine hors de la maison destinée au travail ou au repos. Dans les régions ou dans les saisons les plus chaudes, ceux qui sont astreints à un travail de tête poussant à la congestion, peuvent s'offrir le luxe d'un panka, grand éventail rectangulaire suspendu au plafond, qu'on fait balancer par un noir au moyen d'une corde et d'une poulie de renvoi.

Si, malgré les précautions prises, les moustiques incommodent les hôtes de cette maison, on aura recours à une moustiquaire ; mais au lieu de se blottir dans un lit exigu comme celui qu'on emporte forcément en voyage, on s'étendra sur une natte placée sur une table aussi large que possible, on la surmontera d'une moustiquaire, élevée, longue et large, ne risquant pas d'emprisonner le dormeur dans un étouffoir, comme c'est le cas des petites moustiquaires de campagne.

En observant toutes ces attentions, en obtenant la nuit un bon repos, en prenant un exercice modéré aux heures les plus fraîches de la journée, en s'entretenant le reste du temps dans une activité non fébrile, mais continue, en mangeant juste à sa faim des aliments sains et d'une digestion facile, en ne faisant aucun excès de boisson, ni d'amour, ni de sommeil, ni de fatigue, l'Européen ne sera pas certain de se bien porter, mais du moins, il aura fait tout ce qui dépend de lui pour demeurer le plus longtemps possible disponible de corps et d'esprit, pour la gestion de ses affaires personnelles ou pour le service que l'État est en droit de lui demander.

INDEX ALPHABÉTIQUE

Abogliagbo, 200.
Abomé, 4, 199, 205.
Agriculture, 35.
Agrimé, 5.
Aguagon, 8, 137.
Akassa, 11, 39.
Ajani, 117.
Alama, 4, 200.
Alcoolique, 249.
Algérie, 15, 66.
Alibouri, 102, 214, 220.
Alimentation, 239, 246.
Aliments farineux, 251.
Allada, 4, 6, 79, 199, 205.
Amadou, 102, 214, 220.
Animaux sauvages, 67.
Anthropophagie, 37.
Antilopes, 63, 69, 74, 80, 144, 146.
Apatam, 97, 257.
Arachide, 252.
Arboriculture, 54.
Arbre à pain, 36.
Arenberg, 8, 87, 139.
Armes, 168, 227.
Armes défensives, 231.
Autruche, 148.
Avocatiers, 54.
Avonsouri, 135.
Azote, 50.

Badjibo, 29, 138.
Baghirmi, 121.
Bagui, 205.
Balafon, 182.
Bal costumé, 184.
Bamakou, 166.
Bambou, 96.
Banamé, 7.
Bananier, 30, 31, 54, 252.
Baobab, 16.
Baribas, 61, 85, 102, 115, 116, 145, 179, 188, 201, 222.
Barre (terre de), 3.
Batellerie, 157.
Battue, 144.
Bavière, 194.
Behanzin, 64, 182.
Besoins du nègre, 36.
Bétail, 23, 50, 118.
Bêtes féroces, 73.
Bière de mil, 250.
Bikini, 102, 214.
Biscuit, 248.
Blé, 23, 25.
Bœufs, 64, 66.
Bogo, 151, 201.
Bombardement de Paris, 235.
Borgou, 101, 192, 197, 210, 220, 221.
Bouais, 197.

Bouclier, 231.
Bourgou, 53.
Boussa, 11, 29, 197, 210, 220, 221, 236.
Brême, 143.
Broderie, 168.

Caïman, 240.
Caire, 182.
Calcaire, 212.
Cana, 6.
Canards, 69, 149.
Caoutchouc, 21.
Capitaine (poisson), 143.
Caractères d'une frontière, 213.
Caravane d'esclaves, 234.
Carick, 254.
Carité, 21.
Caroumama, 192.
Casque, 241.
Cavalerie, 221.
Cayoman, 29, 187, 197, 204, 212,
Céréales, 22.
Ceylan, 36.
Chambres, 156.
Chasse, 143,
Chaussures, 168.
Chefs de village, 207.
Cherif, 172.
Cheurfas, 172, 185.
Cheval, 222, 225.
Chèvre, 60, 253.
Chiendent, 53.
Chique, 88.
Choix d'un camp, 257.
Cigognes, 69.
Citronniers, 54.
Clairon, 183.
Clapperton, 116.
Climat, 13, 26.
Clinquant, 168.
Clou, 155.
Clou double, 160.
Cocotiers, 15.
Commerce, 164.

Compagnie Royale du Niger, 166.
Concerts, 247.
Congo, 37.
Constitution politique des États, 197.
Corderie, 156.
Cotonnier, 28.
Coup de soleil, 240.
Courbature, 240.
Coutellerie, 168.
Coutumes dahoméennes, 236.
Cravaches, 150.
Crocodiles, 73, 83, 150.
Culture maraîchère, 46.

Dagba Kitoro, 117, 206.
Dahomé, 191, 220.
Dahoméens, 113, 168.
Danfodio, 123.
Danse, 114.
Dendi, 61, 120, 147, 217.
Dicotylédones, 17.
Djège, 179.
Dorade, 143.
Douane, 209.
Douga, 138.
Drapeau, 154.
Droit de la guerre, 242.
Dune, 11.

Eau-de-vie, 254.
Ecriture, 185.
Egypte, 123.
Elais guineensis, 18.
Eléphant, 148.
Elevage de porcs, 55.
Eloquence, 176.
Empoisonnement par l'eau, 240.
Epée, 222, 223, 230.
Epervier, 135.
Etages de végétation, 16, 18.
Etapes, 173.
Etchepétéi, 28, 201.
Etoffes, 168.

Etoupe, 163.
Excédent de récolte, 174.
Exode de village, 51.

Fabrication de bière en route, 251.
Faîtage, 100.
Farca, 122.
Farine, 247, 252.
Farineux, 38.
Faurax, 221.
Félin, 80.
Félix Faure, 205.
Fellah, 122.
Femmes dahoméennes, 111.
Féodalité, 203.
Fer feuillard, 49.
Fétiche, 185, 192.
Fièvre paludéenne, 91.
Filanis, 65.
Filature, 151.
Filet, 131.
Flabelliforme, 18.
Flèches, 145, 228.
Flèches empoisonnées, 145, 221.
Foin, 23.
Forgeron, 154.
Formique (acide), 92.
Fouëne, 141.
Foula, 65.
Foulbés, 65.
Fouta Djallon, 167.
Foutanis, 213.
Fromager, 16.
Fusil à tir rapide, 224.

Gale, 92.
Garaffri, 30.
Gaya, 24, 166.
Gibier, 67, 253.
Gibier d'eau, 149.
Gobo, 8.
Gomba, 156.
Gomme élastique, 21.
Gommier, 21.

Gongoubélo, 216.
Gourma, 120, 123.
Grand'halte, 173.
Grèbe, 69.
Greniers, 105.
Grue, 69, 149.
Guerre, 217.
Guerres à esclaves, 219.
Guinée, 14.
Guisiman, 85.
Guttapercha, 21.

Habitation du blanc, 261.
Hamac, 259.
Hamacaire, 244.
Hameçon, 155.
Haoussa, 123.
Haricot, 180.
Harpon, 140.
Herbe de Guinée, 18.
Herbes adventices, 41.
Herminette, 50, 159.
Héron, 69.
Himmalaya, 130.
Hinterland, 191.
Hippopotame, 81, 150.
Huile de palme, 46, 58, 109.
Huîtres, 12.
Hyène, 73, 80.

Igname, 32, 39, 252.
Ilo, 160, 168, 186, 197, 226.
Incendies périodiques, 18.
Indigo, 47, 152.
Industrie, 150.
Inquisition, 189.
Instabilité des races, 129.
Installation pour la nuit, 256.
Interprètes, 174.
Isaac, 86.

Javelot, 227.
Jeu, 180.
Justice, 187.

Kabyles, 121.
Karma, 151.

Karoumania, 167.
Keffir, 171.
Kirotachi, 11, 103, 166.
Kitchi, 8, 65, 151, 202, 212.
Kola, 165.
Kompa, 213.
Konakri, 110, 167.
Kotonou, 137.
Krouman, 25.

Lac Denham, 137.
Lagos, 64.
Lagune, 136.
Laitage, 66.
Lait concentré, 254.
Lamordi, 24, 181.
Lance, 155, 227.
Langage, 185.
Lapots, 142.
Légumes verts, 261.
Lignes de fond, 140.
Liqueurs, 168.
Lits pliants, 259.
Lokodja, 258.
Lougan, 52.

Macreuses, 149.
Madagascar, 86.
Mahis, 97, 114, 182, 184, 201.
Maïs, 23, 30, 39, 252.
Malou, 122.
Manguiers, 54.
Manioc, 39.
Manœuvre de cavalerie, 224.
Marche de nuit, 243.
Marmottes, 70.
Mecque (La), 172.
Médicament, 186.
Météorologie, 3.
Métier à tisser, 151.
Meubles, 168.
Mil, 9, 23, 30, 45.
Milan, 77.
Mœurs, 180.
Mœurs judiciaires, 187.
Mossamédès, 64, 102, 116, 203.
Moursa, 21.

Moustiquaire, 259.
Moustique, 90, 260.
Mouton, 62.
Mouture, 9.
Mulet, 143.
Mungopark, 86.
Musique, 182.
Musulman, 171.

Nago, 97, 109, 114, 179, 185, 201.
Natte, 153.
Négrier arabe, 236.
Néophyte, 171.
Nids souterrains, 78.
Nil, 122.

OEufs, 60.
Oignons, 46, 254.
Oiseaux d'eau, 69.
Oiseaux de proie, 75.
Onitcha, 158.
Oounonou, 5.
Opara, 8, 201.
Oranger, 54.
Ouara, 91.
Ouémé, 6, 137.

Pagaye, 163.
Pagnes, 155.
Pain, 38.
Pain de froment, 247.
Palmier à huile, 5, 30, 58.
Panier, 130.
Pannes, 100.
Panthère, 70.
Paouignan, 7, 184.
Papa, 203.
Papayer, 54.
Pas (de), 80.
Patachi, 29, 54.
Patates douces, 47, 252.
Pâturage, 23.
Pêche, 133.
Pèlerinage, 174.
Perdrix, 67, 144.
Peste bovine, 65.

INDEX ALPHABÉTIQUE

Peuhls, 66, 105, 118, 179, 191.
Pickles, 254.
Piment, 46.
Pingouin, 69, 149.
Pintade, 67.
Pioche, 48.
Pirogue, 157.
Plan d'une maison, 94.
Pluvier, 69, 149.
Poignard, 223.
Poireau, 254.
Poisson fumé, 137, 253.
Politique et état social, 197.
Pommade soufrée, 92.
Porc, 62.
Port de Bouc, 166.
Porto-Novo, 30, 189, 199, 205.
Poteau, 100.
Poterie, 155.
Potiche, 106.
Poudre, 168.
Poule, 59, 252.
Précautions, 239.
Propriété du sol, 208.
Prosélytes, 171.
Protectorat, 124.
Protocole, 176.

Rat palmiste, 69.
Récadère, 200.
Régime, 109.
Religion, 191.
Rendement, 42.
Requin, 134, 240.
Riz, 24, 252, 261.
Roco, 16.
Rongeurs (petits), 75.
Ronier, 18.
Rotation culturale, 43.

Safran, 254.
Saga gourma, 123.
Saga haoussa, 123.
Sagon, 199.
Sahara, 14, 131.
Saison, 13, 25, 173.
Samory, 220.

Sanglier, 80.
Sarcelle, 69.
Sauce, 254.
Savé, 8, 137, 182, 198, 201.
Saye, 11, 106, 119, 121, 186, 213, 231.
Scorpion, 88.
Sel, 166, 254.
Sénégalais, 188.
Serki, 123.
Serpent, 74, 87.
Siège portatif, 256.
Sierra-Léone, 167, 225.
Simagrées religieuses, 191.
Singes, 69, 144.
Sofas, 225.
Sokoto, 124, 166.
Sol, 1.
Solingen, 222.
Sonray, 120, 121.
Soudan français, 22, 57.
Sousou, 110.
Sous-sol, 12.
Statistique agricole, 43.
Stipes, 16.
Strophantus, 143.
Superstition, 194.
Surprises de nuit, 220, 223.

Tabac, 168.
Tamtam, 181.
Tartuferie musulmane, 193.
Tchaki, 8, 61, 131, 198, 201, 205, 210.
Tchaourou, 21, 182, 201.
Tentes de campement, 257.
Teinture, 152.
Tibi Farca, 11.
Tiéba, 220.
Tigre, 71.
Toiture, 94.
Toiture en toile, 257.
Tomates, 46, 254.
Tonkin, 36.
Tortue, 69.
Touareg, 105, 124, 179, 186, 220, 223.

Toucouleurs, 213.
Turc, 123.
Transmissiondespouvoirs, 204
Tunique carapace, 232.

Usages, 133.

Vampire, 79.
Vaisselle en fer, 155.
Vautour, 76.
Véranda, 261.
Vêtement, 165.
Villages razziés, 214.
Vin, 249.
Vinaigre, 255.
Vin de Champagne, 254.
Vipère, 75.

Visites, 175.
Voyages, 169.

Worcestershire sauce, 254.
Wouwou, 207.

Yaourie, 24, 76, 164, 220, 221, 233, 236.
Yékédé, 138.
Yorouba, 97, 106, 201, 237.

Zaberma, 61, 120, 147.
Zaganato, 6, 137.
Zinder, 11, 103, 106, 120, 167, 227.
Zoglobo, 7.
Zou, 6.

TABLE DES MATIÈRES

G.-J. Toutée au Ministre.................................... v

CHAPITRE I

Le sol. — Ses produits.

Le sol et le sous-sol. — Origines géologiques. — Le climat. — Répartition des pluies. — Leur action sur l'aspect et les produits du sol. — La végétation...... 1

CHAPITRE II

Agriculture.

Développement du travail agricole. — Le maïs, l'igname, les soins extrêmes apportés à sa culture. — Des rendements. — Haricots, patates. — Instruments agricoles. — Pas de bétail. — Pas de fumier. — Le bananier. — Les arbres fruitiers.................... 35

CHAPITRE III

Les animaux.

Les animaux domestiques. — La poule. — La chèvre. — Le porc. — Le mouton. — Le bœuf. — Leur répartition. — Leur race. — Les animaux sauvages : le gibier comestible. — Les bêtes féroces. — Reptiles. — Insectes............ 59

CHAPITRE IV

L'habitation. — L'homme. — La femme. — Les domestiques.................. 93

CHAPITRE V

Les usages.

La pêche, la chasse, l'industrie, le commerce, les voyages, les visites....................................... 133

CHAPITRE VI

Les mœurs.

Caractères des populations. — La vie journalière. — La justice. — La religion. — Le langage et l'écriture. — La danse. — La musique........................... 179

CHAPITRE VII

La politique et l'état social.

Constitution politique des États. — Les frontières, les douanes. — Le royaume. — Le canton. — La commune. — La propriété. — États à races superposées. — Territoires en état d'anarchie..................... 197

CHAPITRE VIII

La guerre.

But habituel de la guerre, procédés tactiques. — Les armes. — Le cheval. — Le droit de la guerre..... 217

CHAPITRE IX

Hygiène des blancs dans la région.

Conditions ordinaires de la vie des blancs dans la région. — L'alimentation. — Les rapports avec les habitants. — Les maladies............................

Coulommiers. — Imp. PAUL BRODARD. — 2-99.

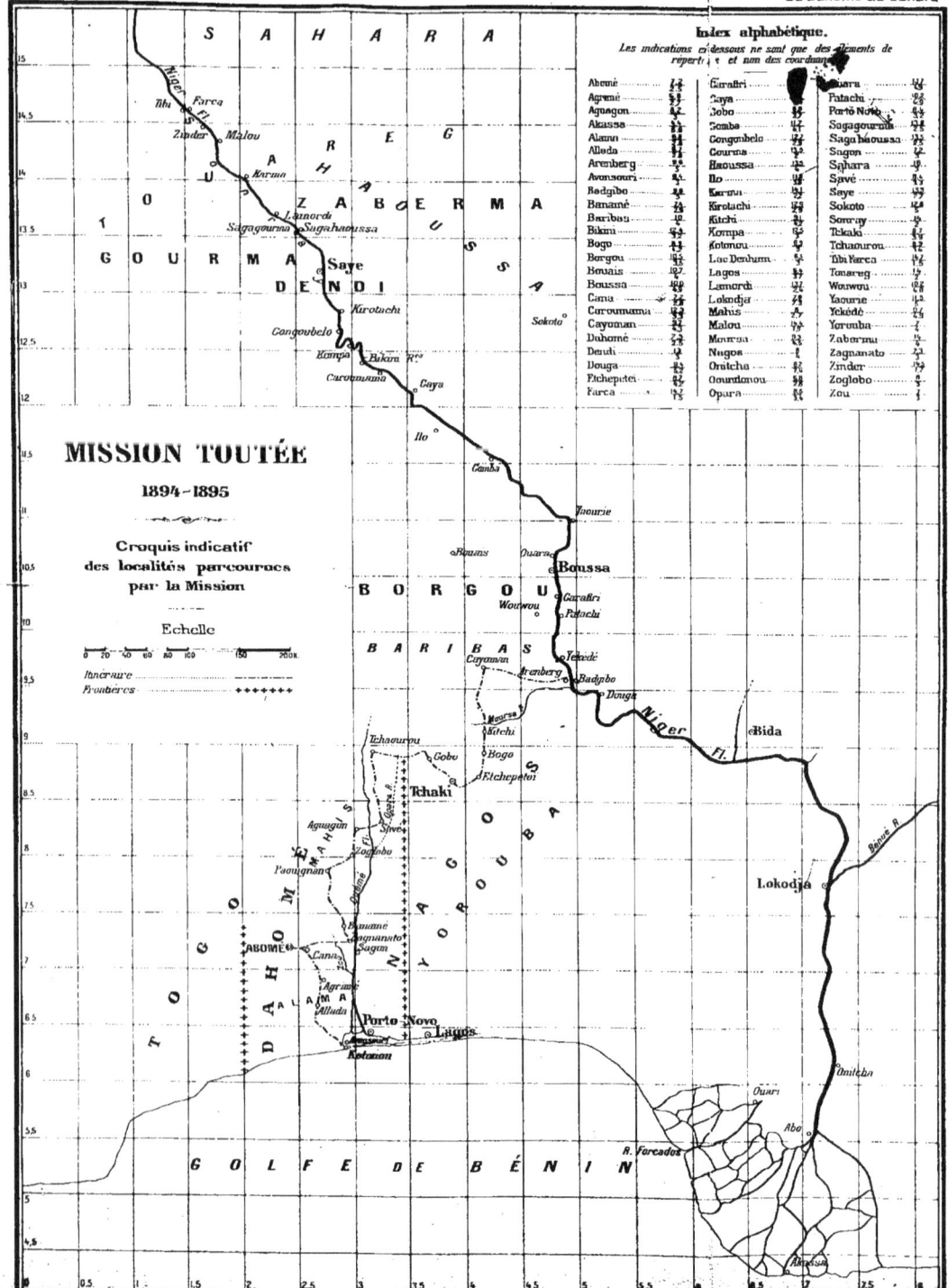

Armand COLIN & C**ie**, Éditeurs, Paris.

La Grèce d'aujourd'hui, par M. GASTON DESCHAMPS. 1 vol. in-18 jésus, broché. . . . 3 50

L'auteur, ancien membre de l'école française d'Athènes, a habité la Grèce pendant trois ans. Il était donc très à même de décrire l'état actuel de ce pays, qui a beaucoup changé depuis Edmond About.

D'ailleurs, M. Gaston Deschamps ne s'est pas contenté de recueillir, au cours de ses voyages, d'amusants traits de mœurs et des caricatures piquantes. Il a tâché de saisir, à travers les incertitudes et les petites misères du présent, l'âme d'un peuple vaillant, justement fier de son passé, confiant dans l'avenir, qui, malgré ses défauts et ses travers, est l'héritier d'une noble race.

L'auteur a noté les progrès de l'hellénisme et exposé, avec impartialité, le hardi programme de cette nation grecque, qui vit de grands souvenirs et de grandes espérances et qui a perpétué jusqu'ici, par sa langue, par sa religion, par ses habitudes, les traditions de l'empire byzantin.

Sur les routes d'Asie, par M. GASTON DESCHAMPS. 1 vol. in-18 jésus, broché. . . . 3 50

Quatre voyages successifs à travers les provinces asiatiques de l'empire ottoman, particulièrement en Carie, en Pisidie et sur les plateaux de la Phrygie, de fréquents séjours à Smyrne, de longues stations aux villes mortes, des haltes en des villages ignorés, ont permis à M. Gaston Deschamps d'unir à la vision du passé cette vive impression du présent, qui éclaire, parfois d'un jour si imprévu, l'obscurité de l'histoire.

Loin des Échelles où les paquebots apportent des cargaisons de touristes, le jeune voyageur a vu de près le paysan turc, le trafiquant arménien ou grec; il a rencontré des tribus de nomades; il a reçu l'hospitalité dans des hameaux tcherkesses ou kurdes, et, parmi ce va-et-vient de races, au milieu de cette confusion de peuples, de religions, de langues, il a regardé à loisir les ruines glorieuses de l'antiquité : Ephèse, Tralles, Priène, Milet, Aphrodisias, Halicarnasse, et quelques-unes de ces villes obscures qu'illustra la prédication des Apôtres.

Armand COLIN & Cie, Éditeurs, Paris.

Choses d'Amérique, par M. Max Leclerc.
1 vol. in-18 jésus, broché. 3 50

Ouvrage couronné par l'Académie française.

Ce livre est le résumé, non pas seulement des impressions de voyage de l'auteur, pendant un tour de trois mois, mais des observations méthodiques, des réflexions suivies qu'il a faites sur certains sujets particulièrement désignés à sa curiosité. Le premier chapitre : *Comment on fonde une ville*, a tout l'intérêt que promet son titre. Les chapitres suivants traitent de la situation morale et économique des fermiers de l'Ouest, de leurs revendications, de leur organisation en « Granges » et plus tard en « Alliance », de leur attitude à l'égard du bill Mac-Kinley, et finalement de la brusque volte-face par laquelle, déplaçant le centre de gravité politique, ils donnèrent aux élections qui suivirent, la majorité au parti démocrate. Ce livre s'achève par une étude intéressante et, en bien des points devenue prophétique, sur le catholicisme aux États-Unis.

Lettres du Brésil, par M. Max Leclerc.
1 vol. in-18 jésus, broché. 3 50

Le Brésil est très mal connu en France, et cependant, depuis la révolution du 15 novembre 1889, il n'a pas cessé d'exciter la curiosité du public qui s'intéresse aux pays d'outre-mer; aussi ce livre répond-il à un véritable besoin.

Écrites pour ainsi dire au jour le jour, ces lettres n'en sont pas moins remplies d'observations curieuses sur les mœurs et le caractère du Brésilien, non seulement de Rio, la ville cosmopolite, mais encore du Brésilien de l'intérieur. Elles nous initient aux causes véritables de la chute de l'empire, elles nous font connaître les hommes qui ont fait la République sans le vouloir, et leurs premiers actes; enfin les ressources et le développement économiques du pays. L'auteur, en effet, ne s'est pas borné à étudier pendant son séjour la capitale du Brésil, mais il a tenu à pénétrer dans l'intérieur du pays et nous fait visiter avec lui une plantation modèle.

Armand COLIN & C¹ᵉ, Éditeurs, Paris.

Dahomé, Niger, Touareg, par M. le Commandant TOUTÉE. 1 vol. in-18 jésus, *avec une carte hors texte*, broché. . . . . 4 »

Nous connaissons peu de récits de voyage aussi agréables à lire que celui de M. le Commandant Toutée. Son livre est empoignant parce qu'il est vécu. On y sent la plus grande sincérité et, à mesure que l'on avance, l'auteur devient de plus en plus sympathique. Sa parfaite bonté éclate en effet à chaque page et c'est avec une inaltérable bonne humeur, un esprit délicat et fin, qu'il raconte ses désopilantes entrevues avec les potentats africains dont il visite les États.

Vaillant voyageur et conteur agréable, le Commandant se montre encore philosophe et économiste lorsqu'il analyse les mœurs des peuples sauvages, traite la grave question de l'esclavage et donne ses appréciations sur la colonisation de la vallée du Niger. De plus, les résultats politiques et scientifiques de son beau voyage sont considérables. *(Polybiblion.)*

Une Mission française en Abyssinie, par M. S. VIGNÉRAS. 1 vol. in-18 jésus, *avec 60 gravures hors texte* d'après les photographies de l'auteur, broché. . . . . 4 »

Attaché en qualité de secrétaire à la mission Lagarde envoyée auprès du négus Ménélik, M. Vignéras prit l'habitude de noter chaque soir ses impressions et réflexions. C'est ce journal de route, intéressant et curieux à tous égards, qu'il livre aujourd'hui au public dans toute la sincérité de sa forme première.

Raconter les incidents de la vie de caravane, essayer de rendre l'attrait étrange du désert et la beauté des régions montagneuses qu'il a traversées, donner une idée des réceptions auxquelles il assista, relater enfin ce qu'il a vu ou ce qu'il a entendu dire de l'Éthiopie actuelle, de sa physionomie, de ses ressources et de son avenir, tel est l'objet de ce livre rempli de renseignements et de faits mal connus, qui ne se recommande pas moins par l'agrément de la forme que par l'actualité du sujet. On ne peut que louer M. Sylvain Vignéras de nous l'avoir donné. *(Journal des Débats.)*

Armand COLIN & Cie, Éditeurs, Paris.

Au pays russe, par M. Jules Legras. 1 vol. in-18 jésus, broché. 3 50

M. Jules Legras nous communique les impressions qu'il a recueillies durant trois séjours prolongés dans l'empire des Tsars.

Possédant à fond la langue du pays, il a parcouru le pays russe de la Pologne à la Volga, et de la Crimée à l'Océan glacial.

Il nous jette d'abord au milieu de la grande famine de 1892, dans une province décimée par la misère, la maladie, et de terribles dissensions politiques dont il a failli lui-même être victime. Puis, installé au village, il fait passer devant nos yeux des types, pris sur le vif, de moujiks madrés ou dévoués, de popes, de propriétaires campagnards et d'écrivains en villégiature. Il nous montre, dans son bien, le comte Tolstoï, dont il a été l'hôte. Enfin, il nous peint la vie intime de Moscou, depuis ses intérieurs bourgeois et ses salons luxueux jusqu'à ses asiles de nuit.

Impressions d'Égypte, par M. Louis Malosse. 1 vol. in-18 jésus, broché. 3 50

Il n'est pas nécessaire d'avoir fait le voyage pour sentir que Louis Malosse a très bien vu les choses et les gens. Il rend avec autant d'agrément que de vérité la gloire des couchers de soleil, la monotonie des sables, le grouillement des foules oisives, l'éternelle galopade des enfants qui implorent le *bagchich*... Il faut lire aussi les pages où il analyse la situation morale et politique de l'Égypte, explique le caractère et les actes du Khédive, relève les traces persistantes et profondes de l'influence française et apprécie l'œuvre de l'Angleterre.

Les impressions personnelles et directes ont de grandes chances d'être justes, car Malosse savait voir. L'information a de grandes chances d'être exacte, car il savait conduire une enquête et s'adresser en bon lieu. La malice des traits décochés à l'Angleterre, la vivacité du sentiment français qui perce à toute occasion, ne seront pas pour déplaire.

(*Le Temps.*)

www.ingramcontent.com/pod-product-compliance
Lightning Source LLC
Chambersburg PA
CBHW050629170426
43200CB00008B/947